KiWi

Paperback

KiWi

850

Über das Buch:
»Der Vergleich ist die Wurzel allen Übels«, sagt Schopenhauer. Hellmuth Karasek wagt es trotzdem. Er zieht kühne und existenzielle Vergleiche, historische und sprachliche. Er entlarvt die falschen Vergleiche und schreckt auch nicht vor dem Unvergleichlichen zurück. Mit intellektueller Leichtigkeit spürt Karasek Unerwartetes auf und entdeckt verborgene Muster. Denn erst im Vergleich ordnet sich die Welt, weil wir in ihm die Unterschiede erkennen. Das macht das Vergleichen so erhellend, und ebenso lässt sich darüber so vortrefflich streiten.
Und so treten gegeneinander an: Bargeld und Kreditkarte, Napoleon Bonaparte und Oskar Lafontaine, Menschen und Elefanten, Gerhard Schröder und Heinrich VIII., die erste und die zweite Liebe, Kaviar und Senf, Dornröschen und Schneewittchen, freie Liebe und Safer Sex, Tauben und Falken, Lerche und Nachtigall, Brathendl und Goldbroiler, Schwedenplatte und Pommes frites, Mozart und Beethoven, Hütten und Paläste u.v.m.

Der Autor:
Hellmuth Karasek, geboren am 4. Januar 1934 in Brünn, Herausgeber des Berliner »Tagesspiegel«, nachdem er über 20 Jahre im Spiegel für Kulturberichte und Kritik verantwortlich war und mit Marcel Reich-Ranicki und Sigrid Löffler im »Literarischen Quartett« über Bücher streitfreudig diskutierte. Schrieb drei Theaterstücke (und zwar Komödien), eine Billy-Wilder-Biographie (»Nahaufnahme«), eine Biographie der 50er Jahre (»Go West«), stellte in »Mein Kino« seine »hundert schönsten Filme« vor, beschrieb und durchlitt die Telefonitis in »hand in handy«. Er veröffentlichte darüber hinaus zwei Romane.

Weitere Titel bei K&W:
»Mit Kanonen auf Spatzen. Geschichten zum Beginn der Woche« KiWi 568.

Hellmuth Karasek

Freuds Couch & Hempels Sofa

Das Buch der Vergleiche

Kiepenheuer & Witsch

Die vorliegenden Texte sind größenteils in »Der Tagesspiegel« erschienen.

1. Auflage 2004

Umschlaggestaltung: Barbara Thoben, Köln
Umschlagfoto © Thilo Rückeis
Gesetzt aus der Bembo
Satz: Kalle Giese, Overath
Druck und Bindearbeiten: Clausen & Bosse, Leck
ISBN 3-462-03433-2

Inhalt

Statt eines Vorwortes oder: Über die Mutter aller Vergleiche und den Vergleich als Vater aller Kriege

Schopenhauer nannte den Vergleich die Wurzel allen Übels, und »Friede den Hütten, Krieg den Palästen« ist als doppelter Vergleich (Friede – Krieg, Hütte – Palast) zum provokanten Gebrauch gemeint, ein Vergleich als Superlativ. In Deutschland ist um des lieben wirtschaftlichen Friedens willen schon allein die vergleichende Werbung verboten, weshalb findigen gewitzten Kritikern etwa der Elchtest für Mercedes oder der »Stiftung Warentest« etwas Unvergleichliches zu der Gesichtscreme von Uschi Glas eingefallen ist.

Man würde ja so gerne vergleichen, etwa ob die Kirschen in Nachbars Garten wirklich süßer sind, jedenfalls in der deutschen Sprichwortwelt, oder ob die Wiese des Nachbarn grüner ist, wie man in Amerika glaubt. Aber es ist gefährlich, und das lernt man schon als Kind, wenn man Schneewittchen liest. Da wollte die ebenso schöne wie eitle Stiefmutter doch eigentlich nur – so einfach zur Bestätigung – wissen, dass sie die Schönste ist; und zwar im ganzen Lande. Und schon sagt ihr der böse (weil vergleichsüchtige) Spiegel, dass Schneewittchen nicht nur schöner sei, das hätte die Stiefmutter vielleicht sogar noch ertragen, wenn auch nur mit Mühe und Not, nein, das Spieglein an der Wand – eine Art Nachrichtenmagazin der Märchenzeit – sagte ihr ins schöne Gesicht, das daraufhin vor Neid gelb wurde, dass Schneewittchen tausendmal schöner sei, tausendmal! Und tausendmal, das ist vergleichsweise viel, eine Menge Holz, wie man in den Bergen sagt, den sieben Bergen von den sieben Zwergen.

Gut, Schneewittchen gewinnt, es gab zwar Zwerge, Jäger und Prinzen, aber die Stiefmutter hatte noch keinen Schönheitschirurgen und keine Schönheitsfarm. Aber eigentlich liegt das Übel des Vergleichens schon vor Schneewittchens Geburt, sogar vor ihrer Empfängnis. Da wünschte sich ihre richtige Mutter, während sie mitten im Winter am Fenster saß, ein Trikolore-Mädchen, weiß wie Schnee, rot wie Blut und schwarz wie Ebenholz – doch wenn wir das Märchen freudianisch deuten, also vergleichen, dann entsteht der Wunsch nach Schneewittchen, als sie sich in den Finger stach und Blutstropfen in den Schnee fielen: ein eindeutig symbolischer Vergleich, einer von der blutbefleckten Empfängnis und der weißen Unschuld. Und die Stiefmutter? Alle Stiefmütter der Märchen waren Ausdruck einer Angst vor der Kindbettsterblichkeit, die damals hoch war. Also gab es mehr böse Stiefmütter. (So wie es heute mehr jüngere Zweitfrauen gibt. Und vergleichsweise weniger Kinder. Aber das ist ein anderer Vergleich.)

Ich liebe Vergleiche, vor allem, wenn sie einem das Leben erklären. Oder verunklären, je nachdem. Man nennt das auch Gleichnisse (»Das Leben ist wie eine Reise, aber meist in der Holzklasse«). Die Bibel ist die Mutter aller Vergleiche und Gleichnisse. Zum Beispiel wird der Herr mit dem Hirten verglichen und die Menschen mit den Schafen. Alles klar! Ist das ein guter Vergleich? Erklärt er was? Ja, solange der Hirte die Schafe nur hütet. Nein, sobald er sie schert oder gar schlachtet. Aber wer so vergleicht, ist schon eher ein schwarzes Schaf.

Fast von biblischer Wucht und voll kalauernder Kraft ist der Heinz-Erhard-Vergleich. Auch hier geht es ums Leben. »Das Leben«, so verglich der Kalauermeister, »das Leben ist wie eine Brille.« Pause. Und noch ehe jemand Wieso? fragen konnte, gab Erhard die Antwort: »Man macht viel durch!« Ist das nicht viel eleganter als der Volksmund, der da sagte, zu Zeiten, als man noch selber Hühner hielt: »Das Leben ist wie eine Hühnerleiter. Kurz und beschissen.« Es kommt zwar aufs selbe raus, aber Brille ist doch eleganter. Man muss sich dabei nur an das gute alte Teekesselchenspiel (den Vorläufer des »Wer wird Millionär«-Quiz für Kinder und Arme) erinnern, wo etwas Unvergleichliches den gleichen Namen trägt, Kohl zum Beispiel: Kohl gleich Gemüse, gleich Altkanzler, gleich Unfug – der eine ist Kohl, der andere isst Kohl, der dritte *redet* Kohl.

Der unvergleichliche Nestroy, ein Meister der verrücktesten Vergleiche, von einer barocken Vergleichslust und Vergleichswut getrieben, die dem Leben allen Sinn austreibt und damit einen nihilistischen, tragischen Sinn gibt, hat in seinem »Zerrissenen« (eine wunderbare Charakterposse mit tiefem Sturz und Tiefgang) Arm und Reich verglichen und einen Millionär vorübergehend der Armut ausgesetzt. Und bevor er – notgedrungen durch Komödienumstände – das vergleichend ausprobiert, räsoniert er: »Armut ist ohne Zweifel das Schrecklichste. Mir dürfte einer zehn Millionen herlegen und sagen, ich soll arm sein dafür, ich nehmet s' nicht.«

Aber nicht darum kommt mir beim Vergleichen der »Zerrissene« in den Kopf, sondern wegen eines besonders romantischen Vergleichs. Da betritt am Anfang der sechzehnten Szene des ersten Aktes die Madame Schleyer (wie der Name schon sagt: eine Witwe) ein Zimmer, in dem, laut Szenenanweisung, Herr von Lips im Sessel eingeschlafen ist und »sehr stark schnarcht«. Darauf macht Madame Schleyer, »erschrocken einen Schritt zurücktretend«, einen Vergleich: »Nein, wie der schnarcht – wie mein Seliger – liebenswürdige Eigenschaft!«

Vergleiche haben auch immer etwas von Sehnsucht, sie seufzen nach Nähe. Dann ist Stockholm das Venedig des Nordens, Dresden das Elb-Florenz, Kissinger der Bismarck der USA, Ibsens Peer Gynt der Faust des Nordens und das Elbsandsteingebirge die sächsische Schweiz, die Seenplatte in Holstein die Holsteinische Schweiz, der Bodensee das schwäbische Meer – immer sehnt sich das Kleinere nach dem Größeren.

Aber auch die Verachtung macht sich ihren Vergleich. Also lief Lafontaine als »Bonsai-Napoleon« durchaus nicht auf gleicher Augenhöhe mit dem riesigen Zwerg Bonaparte herum. Oder wenn Oscar Wilde, bekanntlich ein Misogyn, eine Frau mit einem Pfauen verglichen und von ihr gesagt hat: »Sie hat alles vom Pfau – nur nicht die Schönheit.« Und auch der Volksmund, als es ihn noch gab und die Firma Krupp in Essen noch die Waffenschmiede des Kaiserreichs war und die dicke Berta schmiedete, machte einen selbstherrlichen, selbstkritischen Vergleich, der eher hinunter- als hinaufzieht: »Was Krupp in Essen ist, bin ich im Trinken.« Es muss ein durstiger und trinkfreudiger Volksmund gewesen sein. Manchmal sind Vergleiche aber auch Rechtschreibeprobleme: Wer sonst könnte Pandabären mit Erdbeeren vergleichen?

Die bösartigsten, weil entlarvendsten Vergleiche sind die Parodien, weil sie das Verglichene aus den Höhen der falschen Erhabenheit in den Staub der Banalität ziehen. Auch hierin ist Nestroy Meister. Besonders hatte es ihm die »Judith« von Friedrich Hebbel angetan und in der »Judith« besonders der bramarbasierende Feldherr Holofernes, der sich vor allem eines findet, nämlich super, toll und unvergleichlich. Und so lässt Nestroy diesen Supermann vergleichend schwadronieren: »Ich bin der Glanzpunkt der Natur, noch hab ich keine Schlacht verloren, ich bin die Jungfrau unter den Feldherren. Ich möcht mich einmahl mit mir selbst zusammenhetzen, nur um zu sehen, wer der Stärkere is, ich oder ich.«

»Ich oder ich« – das ist der einzige Vergleich, den ein Unvergleichlicher für sich duldet. Wie die Stiefmutter von Schneewittchen. Vergleicht man Nestroys Holofernes mit dem Hebbels, dann merkt man, wie wenig die Parodie im Grunde übertreibt. Bei Hebbel heißt der entsprechende Monolog: »[…] ich hacke den heutigen Holofernes lustig in Stücke und geb' ihn dem Holofernes von morgen zu essen […] Hätt' ich doch nur einen Feind, nur Einen, der mir gegenüber zu treten wagte! Ich wollt' ihn küssen, ich wollte, wenn ich ihn nach heißem Kampf in den Staub geworfen hätte, mich auf ihn stürzen und mit ihm sterben.«

Über ein Treffen der beiden, des Parodierten und des Parodisten, gibt es eine vergleichende Beschreibung von Ludwig Speidel: »Hebbel ganz ein nordischer Mensch: blauäugig, hellblond, die Haut licht wie Birkenrinde, die Stirn unmäßig hoch.« Und Nestroy: »Das Gesicht stark gerötet, mit deutlich eingedrückten Spuren des Lebens und der Bühne, kein schöner Zug, aber alles gescheit, und unter den fliegenden dunklen Augenbrauen stachen und lärmten ein Paar kluger und dreister Augen.« So standen Norddeutsch und Süddeutsch einander gegenüber, »in ihrem Gegensatze noch geschärft durch die verschiedene Richtung des Geistes und daher ungeschickt zu einem bequemen Gedankenaustausch«.

Ich liebe diesen Vergleich zwischen Nord und Süd, Pathetiker und Satiriker, steifem Norddeutschen und lebensfrohem Süddeutschen – kurz: das Südnordgefälle, und natürlich gibt es auch dazu einen Graffito-Vergleich, der da lautet: »Lieber vom Leben gezeichnet als von Picasso gemalt.«

Kein Wunder also, dass Hebbel als Opfer des parodierenden Vergleichs seinen Parodisten mit den wüstesten Vergleichen anpestete, der die »Bildung in den Augiasställen« versammelte, »den Stumpfsinn aber in den Musentempeln«. Ausgerechnet in seinem berüchtigtsten Aufsatz, »Das Judentum in der Musik«, zitiert Richard Wagner (den Nestroy ebenfalls hinreißend parodiert hat) Hebbel, der einmal »die eigentümliche Gemeinheit des Wiener Komikers« mit einem olfaktorischen Vergleich belegte (Geruchsvergleiche sind übrigens gerne rassistisch): »daß eine Rose, wenn dieser (Nestroy) daran gerochen haben würde, jedenfalls stinken müsste«. Manche Vergleiche hinken, manche Vergleiche stinken. Und so seufzen wir zum Schluss den Vergleich der Liebe: »Du bist wie eine Rose.« Um schnell hinzuzufügen: »Keine Rose ohne Dornen.«

Am Beispiel Schneewittchens und noch besser an dem des Holofernes kann man lernen, dass der Vergleich die Wurzel allen Übels ist, weil sich manche gerne für unvergleichlich, für über jeden Vergleich erhaben erachten. Wer sich selbst für super hält, für den Größten, Besten, Schönsten, für den Superlativ an sich, der steigt in den Komparativ, er muss sich vergleichen lassen, denn wie es ein sächsischer Kriegsberichterstatter aus den napoleonischen Kriegen wusste: »Bald zogen die Franzosen den Kürzeren, bald den Längeren.«

Um noch mal mit der Bibel zu vergleichen: »Wer sich selbst erhöht, wird erniedrigt werden.« Und vice versa. Holofernes war am Ende kleiner: um einen Kopf kürzer. Und erinnern wir uns (es war in der Zeit vor dem Pisa-Vergleich): Wegen des Wurzelübels des Vergleichens sind die meisten Kriege geführt worden, auch die längst mythologisch gewordenen.

Der Trojanische Krieg (erst kürzlich wieder im Kino) etwa, für den drei eitle griechische Göttinnen sorgten, nur weil sie wissen wollten, wer die Schönste sei. Dazu bestellten sie sich einen schönen trojanischen Prinzen. Die Siegerin (and the winner is ...!) belohnt ihn mit der schönsten

Frau der Welt, die aber leider schon anderweitig verheiratet ist. Am Ende des Vergleiches ist Troja zerstört.

Oder die Nibelungen: zwei Königinnen auf der Wormser Dom-Treppe. Wer ist die Höhere, welche darf vorgehen, welche hat den tolleren Mann? Man weiß, wie und wo das endete. Bei den Hunnen. Die Nibelungen besiegt, alle Männer tot. Merkwürdigerweise haben die Frauen, die den Vergleich anstellten, überlebt. Als schwarze Witwen.

Ist das nun die ganze Wahrheit des Vergleichs, oder sind das Männerphantasien darüber, wie Frauen phantasieren?

Champagnerboykott und Champagnerboykott

Am 15. April 1986 kam ich mit dem Flugzeug aus Frankfurt in Los Angeles an – und in Amerika war die Hölle los. Jedenfalls im Fernsehen, in dem sich ja bekanntlich das wirkliche Leben abspielt. Die Amerikaner hatten am selben Tag Tripolis und Bengasi bombardiert und unter anderem das Palais des libyschen Diktators Gaddafi in Schutt und Asche gebombt. Etwa 100 Menschen kamen dabei ums Leben, darunter Gaddafis Adoptivtochter Hanna. Zwei seiner Söhne wurden schwer verletzt. Gaddafi war damals ein schlimmer Finger des Terrorismus, Bombenanschläge in Wien und Rom am Jahresende 1985 und Anfang April 1986 ein Terroranschlag auf eine Berliner Diskothek waren vorausgegangen; bei diesem Bombenattentat starben eine Frau und ein US-Soldat, ein weiterer erlag später seinen Verletzungen.

Amerika war wie in einem Rausch grimmiger Freude, eine Rache ist süß! Stimmung sprach aus jeder Fernsehnachrichten-Sendung. Und natürlich forderte der Patriotismus seinen Preis. In einem Wut-Freudentaumel hatte ein Bürger von L.A. ein Gaddafi-Bild an seine Wand gehängt und es mit seinem Colt wild beschossen. Allerdings so erfolgreich, dass er einen Landsmann, der an der anderen Seite der Wand und des Bildes wohnte, dabei mit erschoss: Opfer müssen gebracht werden. Rückblickend muss man allerdings sagen, dass Gaddafi sich im Lauf der

Jahre änderte: Er überließ die Rolle des Finsterlings Saddam Hussein.

In die amerikanische Freude über den Befreiungsschlag aus heiterem Himmel mischte sich ein Wermutstropfen: Frankreich, Frankreich, das perfide Frankreich hatte den US-Flugzeugen untersagt, den französischen Luftraum für den Angriff auf Libyen zu benutzen. Die Luftflotte musste im weiten Bogen von England über Spanien Tripolis anfliegen. Und so wurde man im Fernsehen Zeuge, wie der französische Botschafter von heftigen TV-Reportern wie ein unartiger Schuljunge vorgeführt wurde. Und, erfuhr ich, kein Restaurant, keine Bar, kein Hotel, das auf sich hielt, schenke noch Champagner, geschweige denn Cognac aus. Kein Cognac, kein Champagner, kein Bordeaux oder Burgunder wegen verweigerter Flugrechte! Ich fand das eher komisch und dachte, das lohnt sich, überprüft zu werden.

Also ging ich mittags und abends und danach auf Recherche. Und in der Tat: Champagner und Cognac waren Unwörter, die Getränke, die ihren Namen führten, waren aus dem Verkehr gezogen.

Ich ziehe jetzt keinen Vergleich zu Schröder und bange auch (noch) nicht um den deutschen Mercedes-, VW-, Audi- oder BMW-Export. Ich erinnere mich vielmehr an den Sommer 1995, als der gerade frisch an die Macht gekommene Präsident, der »rechte«, nach-gaullistische Chirac, ankündigte, Frankreich wolle seine unterirdischen Atomversuche im Südpazifik wieder aufnehmen.

Die Empörung war weltweit, war einhellig. Sie erfasste sogar die Nordsee-Insel Sylt und das fast benachbarte Hamburg, wo der Urlaub im Juli und August tobte. Und so beschloss man, in den Bars und Restaurants, in denen sonst Nacht für Nacht manch orangefarbene »Witwe« geköpft, manch Dom Pérignon mit lautem Knall geöffnet wurde –

hoch die Tassen! –, den Champagner-Verzehr einzustellen – bis Chirac weich werden würde. Wieder ein Champagner-Boykott, diesmal aber aus politisch korrekten Gründen, nicht wie die dummen Amis! Luxuriös, aber redlich. Man wich auf Spanier aus, auf Italiener: In dubio Prosecco!

Unglücklicherweise verbrachte ich meinen Urlaub in Südfrankreich in Sainte Maxime und konnte zu meiner Entschuldigung anführen, dass ich schon losgefahren war, noch ehe man mich zum antiatomaren Champagner-Verzicht aufgefordert hatte. So war ich also in Frankreich dem Cognac und dem Champagner hilflos ausgesetzt. Denn versuchen Sie mal, in Chiracs Frankreich eine Flasche »Fürst Metternich«, »Rütgers SC« oder gar »Rotkäppchen« aufzutreiben. Recht geschieht es mir, dachte ich trübsinnig vor einem Glas Moët & Chandon. Und mir fiel ein, dass es der Vertrag von Versailles war (damals, 1918/19), als der damalige Erbfeind verbot, unseren schäumenden Riesling weiterhin Champagner zu nennen. Und den Weinbrand gar Cognac. Das ist schon, dachte ich melancholisch, einen Asbach Uralt wert.

Bargeld und Kreditkarte

Alle Vergleiche, die der Gegenwart zugunsten einer verklärten Vergangenheit an den Kragen wollen – Kulturpessimismus nennt man das –, beginnen mit dem Seufzer »Früher!«. Ja, früher war alles besser! Früher ließ man die Kirche noch im Dorf, früher musste man noch nicht von früher sprechen. Oder zumindest: Früher hörte man noch zu, wenn man von früher sprach!

Ja, so war das. Und so gab es auch eine Zeit, da gab es keine Kreditkarten, da zahlte man noch bar, »cash«, auf die Kralle. Mit der Kreditkarte kam das Bewusstsein des »Buy now, pay later!«, das »Heute in Saus und Braus und morgen zahlen«. Und wenn wir uns die heutigen Staatsverschuldungen anschauen, da fressen wir jetzt bereits unseren Urenkeln die Haare vom Kopf, obwohl die noch keinen Kopf, geschweige denn Haare haben.

Aber ich will hier nicht leitartikeln, sondern einen wehmütigen Blick in die scheck- und kreditkarten-lose Zeit werfen: früher! Da hatte beispielsweise der »Spiegel«-Herausgeber Rudolf Augstein nie Geld bei sich, und wenn man mit ihm essen ging, dann fragte er, als die Rechnung kam, ob man Bares bei sich hätte, zufällig. Und dann zahlte man, und am nächsten Vormittag ging man zu seiner Sekretärin, Frau Schapien, und dann bekam man das Geld ohne weitere Umstände zurück. Cash auf die Hand.

1975 muss es gewesen sein, da lud mich Augstein zu einem Abendessen bei »Lembke« (wo es Steaks und Bratkartoffeln gab) ein, es ging um die Verlängerung meines Vertrages. Aber an dem Mittwoch war ein Uefa-Pokalspiel des HSV, und ich fragte, ob es denn auch nach dem Fußballspiel ginge. Na klar, sagte Augstein. Dann aber gab es Verlängerung im Volksparkstadion, und dann kam ich auch noch in einen Stau. Und so sagte der Ober vorwurfsvoll, als ich zwei Stunden später kam: Wo bleiben Sie denn, und Herr Augstein wartet schon, und wir machen gleich zu!

Also sind wir nach dem Essen noch auf ein Bier oder zwei in eine Kneipe in St. Georg gegangen. Das Bier war teuer, wegen der Musik und der Frauen, und nach einer Stunde fragte Augstein, ob ich Geld bei mir hätte, ich hatte aber keins. Und so nahm er sich ein Taxi, fuhr zum Hotel »Atlantik«, besorgte sich beim Portier was und ließ mich als Pfand in dem Nachtlokal zwischen grellen Frauen und teuren Bieren zurück. Und hat mich, eine halbe Stunde später, brav auch ausgelöst. Mit Kreditkarten wäre das nicht passiert!

Letztes Jahr bemerkte ich im ICE von München nach Mannheim, dass mein Geldbeutel weg war. Verloren. Dummerweise hatte ich, was sonst nie der Fall ist, 500 Euro dabei, aber vor allem waren alle Kreditkarten weg. American Express, EC-Card, Visa-Frequent-Passenger, aber auch die Bahn-Card und die DAK-Krankenversicherung, aber die war meine geringste Sorge.

Mit Hilfe meiner Frau und meiner Sekretärin habe ich noch aus dem Zug alle Karten schnell sperren lassen: American Express, EC, Visa. Nach einer Stunde war das glücklich vollbracht. Nach zwei Stunden rief mich meine Frau im Zug an: Ein netter Herr habe angerufen, er habe mein Portemonnaie gefunden, ich solle mir keine Sorgen machen, er würde es mir schicken. So ist die Welt, so kann die Welt sein! Und auch die 500 Euro waren drin.

Tage vergingen, mein Geldbeutel kam, meine Kreditkarten, neue Kreditkarten. Dann musste ich nach Zürich. Und dort passierte es. Als ich auf dem Paradeplatz am Samstagnachmittag bei Sprüngli Schokolade und »Luxemburger« für meine Familie kaufte, war meine American-Express-Karte gesperrt. Nachdem die Karte einbehalten worden war (»Tut mir Leid«, sagte die Verkäuferin, »das müssen wir auch zu Ihrer Sicherheit«, und ich nickte ergeben wie ein Scheckbetrüger), telefonierte ich mit der Amexco-Zentrale in Frankfurt und erfuhr, dass ich offenbar aus Versehen die mir zurückgeschickte, aber ungültig gemachte Kreditkarte mitgenommen und stattdessen die neue, gültige pflichtgemäß zerschnippelt hatte. Ich würde eine zweite neue bekommen, beruhigte mich der Amexco-Mann am Telefon.

Macht nix, dachte ich, ich habe ja noch die EC-Karte und Visa-Frequent-Passenger. Aber, fiel mir ein, die EC-Karte, so hatte mir der Bankbeamte am Hamburger Schalter erklärt, würde erst nächste Woche wieder gültig gestellt sein. Na gut, ich hatte ja noch die Visa-Karte.

Am nächsten Morgen wollte ich mein Hotel bezahlen, sonntags früh um sechs Uhr, weil ich mit dem Zug weitermusste. Um Gottes willen, da waren zwei identisch aussehende Visa-Karten. Eine gültige und eine ungültige. Ich reichte dem Portier auf gut Glück eine. Der Portier starrte auf seine Maschine: »Die nimmt er nicht. Die ist gesperrt!« »Dann ist es die«, sagte ich und reichte ihm die andere, während ich ihm meine wirre Geschichte vorstotterte. »Die nimmt er auch nicht«, sagte der Portier. »Kann sein, weil die Maschine jetzt Ihre neue aus Sicherheitsgründen auch gesperrt hat. Weil wir sie gleich nach der ungültigen eingeschoben hatten!«

Ich zahlte mit meinem letzten Geld. Buchstäblich. Musste zum Bahnhof laufen. Und im Zug konnte ich die nächsten Stunden weder Wasser noch Kaffee kaufen. So viel Durst hatte ich noch nie!

Im Grunde, dachte ich, ist es heute auch nicht besser als früher. Aber schlechter eigentlich auch nicht. Wer Pech hat, sagt das Sprichwort, dem bricht der Finger in der Nase ab.

Napoleon Bonaparte und Oskar Lafontaine

Eines meiner Lieblingsfeuilletons von Tucholsky war das über die Löcher im Käse und wo die herkommen (aus Emmental natürlich) und dass sich über diese Frage eine Familie entzweien kann. Diese Glosse, inzwischen längst ein Klassiker, entdeckte ich in dem braungelb gewordenen Band »rororo Tucholsky«, oder war es »Panther, Tiger und Co«? Egal, jedenfalls war das 1950, das Stück hieß »Zur soziologischen Psychologie der Löcher«, und Tucholsky hatte ihm als Motto einen Aphorismus von Lichtenberg vorangestellt: »Daß die wichtigsten Dinge durch Röhren gethan werden. Beweise: erstlich die Zeugungsglieder, die Schreibfeder und unser Schießgewehr.«

Mir gefiel der Gedankenblitz Lichtenbergs, der inzwischen ganz schön anachronistisch geworden ist, denn wer schreibt noch mit einer Röhre, sprich: Federkiel? Also besorgte ich mir die »Sudelbücher« von Georg Christoph Lichtenberg, der ein buckliger Zwerg war und als Professor in Göttingen der hellste Geist der Aufklärung, witzig, spöttisch, schwermütig, ein menschenfeindlicher Menschenfreund. Und in den »Sudelbüchern«, einer unerschöpflich sprudelnden Quelle aus Gedanken, Beobachtungen, Einfällen und Merkwürdigkeiten, stieß ich auf die Überlegung Lichtenbergs, wie sich Groß und Klein, Banales und Erhabenes vergleichen lassen:

»Er hatte die Eigenschaften der größten Männer in sich

vereint. Er trug den Kopf immer schief wie Alexander und hatte immer etwas in den Haaren zu nesteln wie Cäsar. Er konnte Kaffee trinken wie Leibniz, und wenn er einmal recht im Lehnstuhl saß, so vergaß er Essen und Trinken darüber wie Newton, und man mußte ihn wie jenen wecken. Seine Perücke trug er wie Dr. Johnson und ein Hosenknopf stand ihm immer offen, wie dem Cervantes.«

Dazu passt die Geschichte von Kaiser Franz Joseph. Der nämlich war nach einem Klavier-Konzert sehr beeindruckt und ließ sich den Virtuosen anschließend in seine Loge kommen, um dem Mann Komplimente zu machen. Also sagte seine Majestät: »Ich hab den Liszt gehört. Und ich hab den Chopin gehört. Aber so wie Sie geschwitzt hat keiner! Ich gratuliere!«

1986 war ich zum ersten Mal mit Billy Wilder und seiner Frau essen, im »Spagos« in Hollywood. Mit Billy Wilder konnte ich Deutsch sprechen und mit dem Wirt, Wolfgang Puck, der Steiermärker oder Tiroler ist, vielleicht Kärntner, auch Österreichisch. Aber Audrey Wilder verstand kein Wort Deutsch, und so sprachen wir am Abend vorwiegend Englisch. Und nach zwei Stunden sagte Frau Wilder zu ihrem Mann, indem sie auf mich zeigte: »Er erinnert mich ganz stark an Gottfried Reinhardt. Aber total!« Ich wusste nicht, ob ich geschmeichelt oder erschrocken sein sollte. Gottfried Reinhardt, der Sohn von Max Reinhardt, des berühmtesten deutschen Theatermannes vor 1933, der in Hollywood ein erfolgreicher Film-Produzent wurde und mit Salka Viertel lebte, die den nostalgischen »Kaffeeklatsch« für deutsche Emigranten in ihrem Haus abhielt. Was meint Frau Wilder mit diesem Vergleich, dachte ich. Meinen Charme, meinen sprühenden Intellekt, gar meine Bildung? Nichts davon. Sie erklärte mir, dass Reinhard einen genauso schaurigen deutschen Akzent hatte, wenn er Englisch sprach. Wilder tröstete mich: Ihm habe kürzlich eine Stewardess gesagt, er erinnere sie an Arnold Schwarzenegger. Und als er schon stolz den Bizeps gespannt hatte, sagte sie: »Der hat den gleichen Akzent.«

Überhaupt liebte Wilder solche schiefen Vergleiche. Als Gary Cooper bei den Dreharbeiten zu »Liebe am Nachmittag« beim Tanzen nie den Takt fand, nannte ihn Wilder seinen Hoppla-Nidschinski und sagte: »Gary, du hast van Goghs Ohr für die Musik!«

So komme ich zu Oskar Lafontaine, den man, als er noch Ministerpräsident an der Saar war, den Napoleon des Saarlandes genannt hat. Oskar Bonaparte! Napoleon Lafontaine! Herrlich! Und Saarbrücken Paris! Ich glaube auch, dieser Vergleich war tückisch schief. Er spielte auf Lafontaines Ehrgeiz und Körpergröße an, die beiden gemeinsam waren, dem Sieger von Jena und Auerstedt und dem Männerfreund Schröders, der ihm später sein Waterloo bereitete. Und war Hombach Lafontaines Blücher oder Wellington?

Man kann sich mit Vergleichen auch vertun, wie Herta Däubler-Gmelin es tat, als sie George W. Bush mit Hitler verglich. Mit Hitler soll man niemanden vergleichen außer, und auch nur zur Not, Hitler selbst. Auch nicht Saddam Hussein oder Möllemann, auch wenn beide einen Schnurrbart haben. Ludwig Stiegler, der bayerische SPD-Mann mit dem kleinen oder gar großen Latinum, wiederum hat Bush mit einem römischen Kaiser verglichen, ob mit Nero oder Caligula oder Augustus, war nicht ganz klar. Aber Stiegler vergleicht ja auch die Ejaculatio praecox mit Rürups Rentenkommission, ganz merkwürdig – ein Schuss in die Röhre! Siehe Lichtenberg.

Menschen und Elefanten

Mitte der 50er Jahre studierte ich in Tübingen, schrieb meine Doktorarbeit über das »Epitleton ornans«, das »so genannte schmückende Beiwort«, einen »Beitrag zu einer neuhochdeutschen Poetik«, und mein Freund Rolf Michaelis promovierte über das »Enjambement bei Hölderlin«, den »Zeilensprung« in Hölderlins Oden und Vaterländischen Gesängen – so war das damals. 1957 durfte ich mir ein Zubrot dadurch verdienen, dass ich in Rottenburg am Neckar (einer katholischen Bischofsstadt mitten im protestantischen, ja, pietistischen Württemberg) Deutsch und Latein unterrichtete: am dortigen Progymnasium.

Als ich einmal als Student am Abend und in der Nacht viel »gefeiert« hatte, wie man das nannte, Bier und Wein und »hoch die Tassen«, und am Morgen um 6 Uhr 15 in die Lokalbahn von Tübingen nach Rottenburg stieg (das rund 20 Kilometer von Tübingen entfernt war und etwa 30 000 Seelen sowie einen Bischof beherbergte), da brummte mir der Kopf, und ich saß neben einem jungen glatzköpfigen Studienrat, mit dem ich mich während der Fahrt mit der württemberg-hohenzollerschen Lokalbahn unterhielt. »Mein Gott, was mache ich heute im Deutschunterricht!«, jammerte ich, und der Studienrat, der wusste, dass ich nicht sonderlich vorbereitet war, sagte, hintergründig lächelnd: »Sie kennen doch das Toleranzgebot des Deutschunterrichts! Lesen und lesen lassen!«

Latein war leichter, denn ich hatte nur die Unterstufe der katholischen Internatsschüler, die dem Progymnasium eingegliedert waren, zu unterrichten. Die Sätze waren einfach: »Agricola arat« (Der Bauer pflügt). »Gallus cantat« (Der Hahn kräht) und: »Elephantus magnus est«. Ja, der Elefant (der sich damals noch mit »ph« schrieb), Deutsch wie Latein, war groß. Vor wenigen Jahren habe ich gehört, dass der Weihbischof von Rottenburg mein Schüler war, ja, und bei mir gelernt hat, dass der Elefant groß ist – Elephantus magnus est. Und dass alle Hähne krähen! »Galli cantant!«

In »Brehms Thierleben«, dem dritten Band der »kolorirten Ausgabe« von 1883, die Gott sei Dank noch keine Fotos von Tieren zeigt (oder muss man »Thieren« sagen?), sondern die unvergleichlichen Farbtafeln von Gustav Mützel, Ludwig Beckmann, W. Camphausen und Robert Kretschmer, die an die herrlichen naiven Gemälde von Rousseau erinnern, in »Brehms Thierleben« kommt der Elefant unter den »Vielhufern« vor (»Zwölfte Ordnung«) und ist, neben den »Rüsselthieren« oder den »Tapiren« und Flusspferden eine »einzige Sippe«. Es gibt den indischen (indicus) und den afrikanischen (africanus) Elefanten, beide ganz schön »magnus«, Riesen und Dickhäuter.

Der Elefant ist, laut Brehm, ein »plumpes, vierschrötiges Thier mit massigem breitstirnigem Haupt, kurzem Hals, gewaltigem Leib und säulenartigen Beinen«. Der Elefant ist »nur scheinbar plump, in Wirklichkeit sehr geschickt«. »Scharfer überlegener Verstand läßt sich nicht verkennen.« »Wie Heuglin mittheilt«, schreibt Brehm, »erkennen alle Neger den hohen Verstand des Thieres willig an.« Und: »Eine Maus entsetzt den zahmen Elefanten, daß der zittert.«

Seine Intelligenz und sein Gedächtnis – er vergisst und verzeiht nichts – sowie seine dickfellige Geduld haben ihn zum Vergleichstier gemacht.

Deutschlands erfolgreichster Außenminister, Hans Dietrich Genscher, wurde mit einem Elefanten verglichen, aber hauptsächlich wohl wegen der Ohren.

Und Helmut Kohl, der längste und nach Adenauer erfolgreichste deutsche Kanzler (Wiedervereinigung). Wohl wegen seiner massigen Statur und eines nachtragenden Gedächtnisses: »Elephantus magnus est.«

Der Elefant ernährt sich dadurch, dass er sich geschickt mit seinem Rüssel Äste und Zweige in den dünnlippigen Mund schiebt. Vor Jahren also sitze ich in Berlin, im Hotel »Kempinski«, in der Bar, es ist nach elf, und eine Gruppe deutscher und englischer Geschäftsleute ist gerade zum gemütlichen Teil (oder soll ich sagen: Theil?) übergegangen. Und ein Deutscher will seinen britischen Freunden zur Krönung und als Abschluss des Abends einen Witz erzählen. Von einem Elefanten, der am Strand einen nackten Mann sieht, ihn betrachtet und sagt: »Armer Kerl, wie kannst du je satt werden?« Wie gesagt, Elefanten ernähren sich mittels Rüssel.

Der Mann erzählt den Witz, aber erst weiß er nicht, was Rüssel auf Englisch heißt. Und dann fragt er die Frau, »sag mal, was heißt ›satt‹ auf Englisch.« Sie zuckt die Achsel. Also erzählt er, wie der Elefant mit seinem langen Rüssel, »you know, this long thing in the face, a long nose, a kind of a snake«. Der Mann sagt: »Poor fellow, how could you get«, er unterbricht sich, »you know, if you are not hungry, you are …« Der Engländer sagt: »Thirsty.« »No, no, no!«, sagt der Deutsche. »Fed up, ja, das ist es! Fed up!« Die Engländer schauen verlegen drein und gehen bald darauf ins Bett. Die Deutschen bleiben sitzen. Und da höre ich den Witzerzähler zu der Frau sagen: »Das ist das Problem! Die haben eben einen völlig anderen Humor, die Engländer. Sense of humour, verstehste!«

Gerhard Schröder und Heinrich VIII.

Das Sprichwort »Gleich und Gleich gesellt sich gern« hat meist einen bitteren Nebengeschmack. Es wird seltener auf das Treffen von Physik-Nobelpreisträgern, häufiger auf Kerle angewandt, die zu dritt in der Kneipe hocken, Bier trinken und Skat klopfen, während ihre armen Frauen zu Hause alleine »Superstar« oder »Wer wird Millionär?« schauen, das Nudelholz griffbereit neben der Haribo-Schale. Die verschärfte Sprichwortsituation heißt daher auch »Gleiche Narren, gleiche Kappen« und gilt nicht nur für die Schützenvereinskopfbedeckungen.

Sowieso gleicht kein Mensch einem andern wie das sprichwörtliche Ei, und dass vor dem Gesetz und Gott alle Menschen gleich sind, wird meistens so relativiert: Alle Menschen sind gleich, nur manche sind gleicher. Man kann gleich schlau, gleich alt, gleich korrupt, gleich dick, gleich rothaarig oder gleich glatzköpfig, gleich ungewaschen und gleich gemütsroh sein: Bei »gleich« kommt es auf den Vergleichspunkt an. Worin sind beispielsweise Bundeskanzler Schröder und Bundesvizekanzler Fischer gleich? Die Antwort ist: Beide sind gleich oft verheiratet, vier Mal. Und gleich oft geschieden, drei Mal.

Bei der SKL-Show mit Günther Jauch war das eine Quizfrage (Wie viele Ehen können Bundeskanzler Schröder und Außenminister Fischer zusammen aufweisen?). Ich bin stolz, dass ich als regelmäßiger Leser der einschlägigen Illustrierten die richtige Antwort wusste, jawohl, acht! So könnte man den Kanzler bei »Wetten, dass ...?« auftreten lassen mit der Wette, dass er aus dem Gedächtnis nicht nur seine sämtlichen Vorgänger im SPD-Vorsitz seit August Bebel, inklusive der von ihm persönlich im Stil englischer Königsdramen Hingemeuchelten (wie R. Scharping und O. Lafontaine) nennen könne, sondern auch sämtliche Vornamen seiner Ex-Frauen.

Als der »Spiegel« nun Peter Wright, den Chefredakteur der britischen Zeitung »The Mail on Sunday«, nachdem das Blatt schmuddelige Ehe-Gerüchte über die Schröders in Hannover gekübelt hatte, fragte, warum er das tue, rechtfertigte der sich wie folgt: »Wir interessieren uns immer für solche Themen ... Wir Briten hatten zwar etliche Skandale, aber noch keinen Premierminister, der zum vierten Mal verheiratet ist – nennt man Schröder wegen der vier Ringe nicht den Audi-Kanzler?«

Der Brite und Chefredakteur irrt. Nicht wegen der Ringe – Audi hat tatsächlich vier –, aber was die britischen Herrscher anlangt. Zwar heiraten britische Premiers nicht so oft (echte Waschlappen und Feiglinge), dafür hatte England einen König, dem Schröder, was eheliche Verbindung und Trennung anlangt, nicht das Wasser reichen kann: Heinrich VIII. Dieser stattliche König gleicht, jedenfalls wie ihn Hans Holbein 1536 porträtiert hat, mit seinem fusseligen rötlichen Bart eher Wolfgang Thierse als Gerhard Schröder. Aber der 1491 geborene, 1547 gestorbene Herrscher aus dem Hause Tudor (er bestieg 1509 den englischen Thron) war sechsmal verheiratet. Und selbst wenn man bei Schröder sich an das Sprichwort erinnert: »So lange die Kirche offen ist, wird gesungen«, wird ein Vergleich immer zugunsten unseres Kanzlers ausfallen: Er trennte sich von seinen Ehemaligen friedlich, unter Zuhilfenahme des bürgerlichen Gesetzbuches.

Nicht so der König, den die Geschichtsbücher als »einen stattlichen Mann mit glänzenden Gaben ausgestattet« beschreiben, der »Gelehrsamkeit mit ritterlichen Künsten« verband. Zuerst war er mit Katharina von Aragonien verheiratet, der Tante des Kaisers Karl V. Aber er warf ein Auge auf die schöne Anne Boleyn, und als die katholische Kirche sich weigerte, ihn von Katharina zu scheiden, schied er England kurzerhand von der katholischen Kirche. Seine Liebe zu Anna schuf so ganz nebenbei die anglikanische Hochkirche; das ist so, als hätte Schröder wegen Hillu einst die SPD gespalten – in die SPD und »der Hillu ihrem Mann seine Partei«.

Anne hatte von der Heirat allerdings nicht viel, denn der königliche Gatte hatte sein Auge schon wieder woanders hingeworfen, auf das Hoffräulein Jane Seymour, und ließ Anne wegen Ehebruchs hinrichten – so sind sie, die Mächtigen! Jane starb nach der Geburt ihres Sohnes, des Thronfolgers, ob »natürlich« oder unter Anleitung des Ehemannes, ist umstritten.

Die nächste Ehe war politisch. Heinrich musste wegen Cromwell, der sich Deutschland annähern wollte, Anna von Kleve heiraten (also aus Schröders näherer Heimat), ließ sich aber 1540 scheiden, als die politischen Gründe wegfielen. Catherine Howard, die Nichte des Herzogs von Norfolk, war die Nächste, auch sie »vermochte den König nicht dauernd zu fesseln« und starb nach bewährtem Schema – wegen Ehebruchs unter dem Beil. Schließlich heiratete der König noch einmal, zum sechsten Mal. Catherine Parr, die Witwe des Lord Latiner, war die im wahrsten Sinn des Wortes »Lustige Witwe«, weil sie den König überlebte – auf den inzwischen der Tod, der unerbittlichste Freier, ein Auge geworfen hatte. So geht es zu in der Welt, und deshalb soll man vergleichen. Man kann auch Hessen und Niedersachsen vergleichen. Aber das ist eine andere Geschichte.

Tischfußball und Rasterfahndung

Damals, Ende der 40er Jahre, also kurz nach der Währungsreform, die, mit Leichtmetallgeld und winzigen Geldscheinen, die wie Spielgeld aussahen, auch in der sowjetischen Besatzungszone und DDR stattgefunden hatte, gab es so gut wie nichts zu kaufen. Erst recht kein Spielzeug, aber das machte mir und meinem viereinhalb Jahre jüngeren Bruder nichts aus, denn wir spielten Tischfußball.

Dazu hatten wir ein Reißbrett, spiegelglatt, Messing-Groschen aus der Reichsmarkzeit sowie einen alten Kupferpfennig, beide Münzsorten gehörten dem so wertvollen »Buntmetall« an, für dessen Hortung und Schwarzhandel man ins Gefängnis kommen konnte. Allerdings nicht für ein paar alte Groschen!

Aus je drei Zehnern formten wir eine Fußballmannschaft, wir, mein Bruder und ich, hatten mehrere »Vereine« mit Torwart, Stopper (wie der Libero damals noch hieß) und Stürmer. Jeder hatte ein Stückchen Kamm, mit dem er den Groschen gegen den Pfennig, den »Ball«, schlug, der ins Tor musste. Eben Fußball, obwohl die Groschen ja weder Hand noch Fuß hatten und das Spiel am ehesten an Billard erinnerte. Egal, für uns war Fußball ohnehin die Hauptsache, und wir lasen auch die »Fuwo«, die »Fußballwoche« aus Dresden, die einzig westfreundliche in der »Zone« und der Deutschen Demokratischen Republik, weil sie voller Bewunderung von den westdeutschen Oberligen berichtete.

Da wir nicht genug alte Messing-Münzen hatten, mussten wir auch das neue Leichtgeld nehmen, das – typisch DDR! – schlechter Fußball spielte, weil es leichter war und so weniger Stoßkraft weitergab, logisch. Mein Bruder und ich lackierten aber unsere Münzen auf der Oberfläche, und ich, als der Ältere, hatte (der Schwächere gibt nach!) eine Mannschaft, ganz aus schweren Messingkerlen, die gewannen fast immer und waren oben lila, und ich nannte sie »Kickers Offenbach«, und ihren Stürmer nannte ich »Willibald« (ob Vor- oder Nachname weiß ich nicht, er hieß nur Willibald), und er war Torschützenkönig.

Mein »kleiner« Bruder Horst und ich, wir spielten eifrig, und wir führten Listen und Tabellen und hielten jedes einzelne Spiel und Rückspiel für die Nachwelt in Tabellen und Heften fest: Offenbach – HSV 3:3, Torschützen Willibald (2-mal), Hansen, für den HSV: Ottokar und Hannibal und ... und hab ich vergessen.

Das spielten wir jahrelang, und das machte uns Riesenspaß. Und dann »machte« ich nach dem Westen 1952, mein Bruder 1954, und später ging Horst nach Frankfurt, wo er Bücher über den Bauernkrieg, über den Reichstagsbrand, über die Wiedertäufer von Münster, den französischen Königsmörder François Ravaillac schrieb. Und über seine Dialyse (»Blutwäsche«). Außerdem war er mit Daniel Cohn-Bendit und Joschka Fischer bekannt, später »Dorfschreiber des Wald-Hüttendorfs« der Frankfurter Besetzer der Startbahn West, und lebte mit der Kollegin Helga Novak zusammen. Die wiederum war eine Freundin von Gudrun Ensslin, und so fand Gudrun wohl für ein paar Nächte Unterschlupf bei Horst Karasek und Helga Novak. Und prompt gerieten die beiden ins Fadenkreuz der Rasterfahndung, sie wurden verhaftet, verhört, ihre Wohnung wurde akribisch durchsucht, gefilzt.

Mein Bruder hatte aber aus sentimentaler Erinnerung unser Fußballspielzeug aus den Jahren 1948/49 bei der DDR-Flucht mitgenommen, die lackierten Groschen in einer Zigarettenschachtel und die Hefte über HSV-Offenbach 3:3 im Januar 1949. Oder über Nürnberg. Und über Willibald und dass der immer auf der Liste der Torschützenkönige ganz oben stand. Heftelang.

Die BKA-Fahnder also fanden die Fußball-Aufzeichnungen, konfiszierten sie – und stutzten. Sie verglichen nämlich – so vergleicht man Äpfel mit Birnen – die Aufzeichnungen von den Tischfußballspielen mit den »echten«, den »richtigen« Fußballspielen in der süddeutschen, der westdeutschen, der norddeutschen Oberliga zur selben Zeit und: Sie passten nicht zusammen. Also musste es sich um was anderes als um Fußball handeln – um terroristisches Untergrundmaterial, mit einem Fußballcode verschlüsselt: »Willibald«, war das ein Deckname? »3:3«, war das ein Treffpunkt, ein Datum? FC Nürnberg, war das ein toter Briefkasten, ein Agententreff? Sie haben meinen Bruder gründlich dazu verhört.

Später haben mein Bruder und ich sehr darüber gelacht, aber wirklich erst später. Das kommt davon, wenn man Äpfel mit Birnen vergleicht. Oder Äpfel für Birnen hält.

Vor einiger Zeit las ich, dass der britische Geheimdienst US-Außenminister Powell für seine »Beweis«-Rede vor dem Weltsicherheitsrat mit falschem Material gefüttert habe. Mit der Seminar-Arbeit eines Studenten, die über zehn Jahre alt war. Hätte da nicht Powell gleich aus der Kladde meines Bruders zitieren können: Willibald, Offenbach 3:3, Al-Kaida? Oder vergleiche ich da Äpfel mit Birnen?

Olmütz und Paris

Die Relativitätstheorie, Einsteins Relativitätstheorie, ist gewissermaßen die Mutter aller Vergleiche, denn wer vergleicht, na klar!, der relativiert auch. Dumm wie Seife, oder dumm wie Brot, wenn man das von jemandem sagt, dann kränkt man, je nachdem, Seife und Brot. Natürlich kann man auch jemandem schmeicheln, wenn man ihn relativiert, also wenn man vergleichend sagt, er sei spitz wie Nachbars Lumpi oder bei ihm sähe es aus wie bei Hempels unterm Sofa. Oder heißt es hinterm Sofa?

Egal, und daher zurück zur Relativitätstheorie, der ich zum ersten Mal 1952 näher begegnet bin, in einer Physikstunde. Wir hatten einen Physiklehrer in Bernburg an der Saale, der trug immer einen weißen Mantel, in dem er aussah wie ein Oberarzt oder wie ein Chemielehrer, und er unterrichtete auch Mathematik bei uns und war unser Klassenlehrer, »Mope« Kersten, fragen Sie mich nicht, warum er »Mope« hieß. Vielleicht, weil er schlau wie Mope war? Aber wer ist Mope?

Jedenfalls trug er als Mathe- und Klassenlehrer keinen weißen Mantel, sondern nur einen ganz normalen Anzug und eine Hornbrille, die er allerdings auch als Physiklehrer trug, denn kurzsichtig war er in beiden Fächern.

Den weißen Mantel habe ich mir aber deshalb gemerkt, und er wird in der Erinnerung immer weißer (weiß wie Schnee, weiß wie ein Schwan, weiß wie Persil, weißer noch als weiß), weil er mir eine historische Stunde bereitete.

Denn zu Beginn einer Schulstunde, es war, glaube ich, Mai, trat Mope Kersten im Physiksaal vor unsere Klasse und sagte die unvergesslichen und beeindruckenden Sätze: »Ja, wir kommen heute zu Einsteins Relativitätstheorie.« Er machte eine Pause und fuhr fort: »Die Relativitätstheorie ist sehr schwierig zu erklären. Es gibt vielleicht fünf, sechs Leute auf der Welt, die sie verstehen.« Wieder Pause: »Ich werde sie Ihnen jetzt erklären.«

Wir waren zwölf Schüler, elf Jungen und ein Mädchen. Da das Mädchen in Mathe und Physik eine Fünf hatte und nicht zum Abi zugelassen wurde, muss ich, ohne ein Chauvinist zu sein, meine Geschichte so erzählen: Als die Stunde rum war und Mope Kersten uns die Relativitätstheorie »erklärt« hatte, kamen zu den fünf, sechs Leuten, die die Relativitätstheorie bisher schon weltweit verstanden hatten (und zu denen ich auch, schon aus logischen Gründen, Mope Kersten zählte), elf weitere Personen, elf Jungs einer Abiturklasse. Das war schon imposant: statt fünf, sechs, auf einmal 16 oder gar 17. Eine historische Stunde, eine Sternstunde der Erleuchtung.

Später habe ich die Relativitätstheorie weitgehend wieder vergessen, obwohl ich bis heute im Stande bin, ein paar schlagende, zugegebenermaßen vereinfachende Analogien (Vergleiche) für sie anzuführen. Also: Was besagt die Relativitätstheorie? Dass alles relativ sei. Und dass also drei Haare in der Suppe relativ viele seien, drei Haare auf dem Kopf dagegen relativ wenige. Oder dass drei Minuten relativ kurz sind, wenn man sie schmusend mit einer schönen Frau verbringt, und relativ lang, wenn man während der drei Minuten mit nacktem Hintern auf einer glühenden Herdplatte sitzt; besser: säße, Konjunktiv! So ist das. Alles ist relativ.

Damals, Mitte der Fuffziger, las ich auch den Bestseller von Gábor von Vaszary, »Monpti« (der 1957 mit Romy Schneider und Horst Buchholz von Helmut Käutner verfilmt wurde). In dem liebt ein hungernder 23-jähriger ungarischer Student eine 17-Jährige, und da er immer schick aussehen will, erzählt er auch die Geschichte vom »relativen Hemd«. Damals (das Buch spielt in den Zwanzigern) gab es ja weder Waschmaschinen noch rosarote Waschsalons, und Hemdenwaschen war für einen Mansarden-Studenten am Montmartre teuer. So zog er für das Mädchen Monpti erst das erste Hemd, dann sein zweites und schließlich das dritte an. Aber was dann? Er sah sich die Hemden an, hatte kein Geld fürs Waschenlassen. Und da entdeckte er die Theorie vom »relativen Hemd«: Eines der drei war, auch nach längerer Benutzung, immer relativ am saubersten, eben ein »relatives Hemd«. Die Bohème-Armut machte den Charme des Buches aus. Und dass es in Paris spielte. Paris, das war: O là là! Moulin Rouge, die Seine, Cancan, Musette-Walzer, und so war es im Fin de Siècle. Und dann in den Zwanzigern. Und dann eben in den Fuffzigern. Alle wollten hin. Alle! Nicht nur ungarische Studenten.

Und auch dazu fällt mir eine Geschichte ein, von einem Mann aus Olmütz, einer Stadt in Mähren, der um 1900 bei einem Kreuzworträtsel-Wettbewerb eine Reise nach Paris gewinnt. Eine Woche Paris, der Glückliche! Aus Olmütz (das laut »Meyer« von 1907 21 707 Seelen hatte)!

Und als er zurückkommt, zu seinen Kegelbrüdern, muss er ihnen alles erzählen, alles! Und wie es in Paris war. Und er erzählt von der Oper, den Cafés, den prächtigen Boulevards, von Moulin Rouge und Montmartre. Und wie prächtig und herrlich alles war. Und dass er dann noch eine wunderschöne Frau kennen gelernt habe.

Erzähle!, sagen die Freunde.

Und er erzählt. Wie er mit ihr essen war im Ritz, wie sie mit ihrer Kutsche ins 6. Arrondissement gefahren seien, wie sie ihn in ihr prächtiges Stadtpalais geführt habe. Und wie alles geglitzert hätte, ihre Augen, ihre Diamanten, ihre Champagnergläser.

Und dann?, fragen die Freunde.

Ja dann, sagt der Paris-Heimkehrer. Ja dann, muss ich euch sagen, dann war es wie in Olmütz!

Die erste und die zweite Liebe

Nichts ist der ersten Liebe vergleichbar, nichts. Das steht unbezweifelbar fest, unverrückbar, und auch ich glaube wie jeder gefühlsbezogene, herzensgebildete Europäer daran: »Oh, dass sie ewig grünen bliebe, die schöne Zeit der ersten Liebe.« So dichtet Schiller im »Lied von der Glocke«. Oder heißt es: »Die erste Zeit der schönen Liebe?« Oder »die junge Zeit der frischen Liebe?« Schauen wir lieber nach. Da steht es, Band II der Hanser-Ausgabe, Gedichte seit 1788, Lieder. »Das Lied von der Glocke.« Da steht: »Der ersten Liebe goldene Zeit.« Und: »O! Dass sie ewig grünen bliebe/Die schöne Zeit der jungen Liebe!«

Also nicht die erste, sondern die junge, aber die erste, die ist zweifellos unvergleichbar. »The first cut is the deepest«, singt Rod Stewart den Cat-Stevens-Song, wie wahr! Aber wann ist die erste Liebe? Meine Eltern haben mir so oft erzählt, bis ich es erlebt zu haben glaubte, und jetzt sehe ich es scharf vor Augen, dass ich mit dreieinhalb Jahren mit meinen Eltern am Sonntag spazieren ging, in Brünn, im Augarten oder am Spielberg, jedenfalls war ich fein angezogen, etwas zwischen Bleyle und Matrosenanzug, mit großem weißen Kragen. Und da hätte ich mich losgerissen, plötzlich, von den Händen von Papa und Mama. Und sei auf ein gleichaltriges Mädchen losgestürzt, das (oder die) hätte ich umarmt und sei nicht zu trennen gewesen, und als mich meine Eltern fortschleppten, hätte ich geschrien, mich losgerissen und sei wieder zu dem Mädchen zurückgestürzt. Nicht zu trennen sei ich gewesen. Meine Eltern lächelten wohlwollend, wenn sie diese Geschichte der ersten Liebe erzählten.

Andererseits. Sie erzählen auch eine Geschichte, wie sie mit mir, ich war dreieinhalb Jahre alt, in Brünn, im Augarten oder am Spielberg spazieren gingen. Und ich hätte mich in meinen Sonntagskleidern losgerissen und einen nassen, großen, schmutzigen Stein aufgehoben und hätte den mitgeschleppt. Und meine Eltern hätten mir wieder und wieder den Stein fortgenommen und mich an den Händen weitergezogen. Aber ich hätte mich losgerissen, sei abgehauen, zu dem Stein zurückgelaufen. Und so weiter und so fort. So enden Sonntagsausflüge naturgemäß, mit Heulen und Geschrei und der Verzweiflung der Eltern: »Wenn du jetzt nicht artig bist!« War das nun der dreckige Stein oder die erste Liebe? Oder beides? Aber sollte ich gleich an zwei Sonntagen in einem Mai erst einen dreckigen Stein mitgeschleppt haben und dann ein gleichaltriges Mädchen öffentlich umarmt und geküsst haben? Das wäre zu schön, zumal ich mich Ähnliches mehrere Jahrzehnte nie wieder getraut habe. Nie wieder! Nie einen dreckigen Stein mitgeschleppt und nie ein wildfremdes Mädchen öffentlich umarmt.

Später, als ich elf Jahre alt war, im April und Mai 1945, da waren wir auf der Flucht, meine Mutter, die hochschwanger war, im neunten Monat, ich, mein Bruder und meine beiden Schwestern. In Trautenau gab es ein Mütter- und Kinderheim, noch 1945, und da wurden wir in Heime aufgeteilt, meine vierjährige Schwester und mein fünfeinhalbjähriger Bruder kamen in ein Heim. Und er schrie und nässte das Bett vor Verzweiflung und Einsamkeit, obwohl ihn meine Schwester tröstete.

Ich aber kam zu den »Großen« und durfte beim Frühstück, beim Mittagessen und beim Abendbrot neben Dagmar sitzen, einer großen blonden Schwester, die schon 20 war, aber sehr lieb zu mir. Und während wir aßen oder aufs Essen warteten, las Dagmar einen Feldpostbrief, den sie von ihrem Liebsten bekommen hatte. Und in der Zeit kümmerte sie sich nicht um mich, ja, sie vernachlässigte mich. Ich war gekränkt, obwohl ich den Max-Frisch-Satz »Eifersucht ist Angst vor dem Vergleich« noch längst nicht kannte. Ich spickte heimlich in ihrem Brief und merkte mir Sätze, die ihr Freund ihr aus dem Felde oder aus dem Lazarett geschrieben hatte. Sätze wie: »Ich möchte dich jetzt gerne umarmen«, oder so ähnlich. Und ich rezitierte aus Kränkung, Zurücksetzung und Eifersucht und Liebe diese Sätze den anderen Zehn- bis Zwölfjährigen am Nachmittag. Bis es einer Schwester Dagmar erzählte. Und dann sah sie mich traurig an, und dann hat sie mich beim Frühstück und beim Mittagessen und beim Abendbrot weggesetzt, weil ich ihre süßen Geheimnisse verraten hatte.

Aber traurig war sie schon, dass sie mich wegsetzen musste, und sie wusste, dass mein »Rivale« im Krieg war und ihr nur brieflich näher kommen konnte. Andererseits kam ich als 11-Jähriger nicht in Frage. Diese Zeit habe ich mir auch deshalb gemerkt, weil an diesen Tagen Hitler in der Reichskanzlei starb – Selbstmord, wie man heute weiß, »nach heldenhaftem Kampf«, wie es damals hieß. Und er hatte kurz vorher seine Eva Braun geheiratet, aber auch davon hatte ich damals nicht die geringste Ahnung. Und so bezog ich die Wagnermusik, den Trauermarsch nach Siegfrieds Tod, der den ganzen Tag aus dem Radio dröhnte, ganz allein auf die Tatsache meiner ersten Liebe.

Dass nämlich die 20-jährige Dagmar mich, bloß weil ich die Briefe meines Rivalen verraten hatte, von sich gesetzt hatte. Ein Stein bei der ersten Liebe, ein Herz aus Stein bei der zweiten …

Kaviar und Senf

Verwechslungen sind falsche Vergleiche, sozusagen. Wenn man zum Beispiel zum ersten Mal in seinem Leben beim Frühstück, weil man eine Luxusreise in einem Amateurfotowettbewerb (»Mein schönster Ferienschnappschuss«) gewonnen hat, also beim Frühstück Beluga-Kaviar serviert bekommt.

Zum ersten Mal und in einem Schälchen mit Löffelchen, von dem man denkt, es sei aus Plastik, es ist aber Perlmutt oder Elfenbein oder auch nicht. Und der Ober fragt, wie einem das Frühstück geschmeckt hat, und man sagt: »Nun ja, es war schon okay! Aber die Brombeermarmelade, die war fischig und ziemlich versalzen!« Ha, ha, ha!

So was kommt zwar in der Wirklichkeit nicht vor – wer gewinnt schon in einem Amateurfotowettbewerb und wer bekommt dann auch noch Kaviar zum Frühstück, lächerlich! –, wird aber dennoch gern und oft erzählt. Es gehört in die Kategorie der »Neureich«-Witze, bei denen Leute, wenn sie plötzlich über ihre früheren Verhältnisse leben, in Artischocken beißen oder ihre Fingerschälchen austrinken. Beim Kaviar kommt hinzu, dass er für so köstlich erachtet wird, weil er so teuer ist, das ist sein Snob-Appeal, und vielleicht schmeckte er, wäre das Pfund für einen Euro zu haben, tatsächlich nur wie versalzene tranige Brombeermarmelade, wer weiß?

Bismarck, der ein Kanzler, ein Vielfraß, der ein Hering-Liebhaber war, daher der Name Bismarck-Hering, soll ja gesagt haben, dass der Hering, wäre er so selten wie Kaviar, als Delikatesse gelten würde. Bei jedem Karnevalskater ist der Bismarck-Hering immer noch eine Delikatesse.

Das bringt mich auf Karl May. Ich habe den Radebeuler Schwadroneur des Nahen Ostens und Wilden Westens nie so verschlungen wie die meisten anderen Jungs, mir waren seine 600-Seiten-Schwarten zu wenig lustig und zu wenig Liebe drin, kein Sex. Aber eine Geschichte hat mir doch sehr gefallen, weil sie sehr komisch war. Also, da werden zwei junge Indianer-Häuptlinge, Brüder, zum Essen ins Weiße Haus in Washington eingeladen, und sie freuen sich und sind gespannt, und sie sagen einander: Also, pass auf, wir schauen uns das Essen an, das auf den Tisch kommt, und wovon es am wenigsten gibt, das ist das Teuerste, Beste, und da wollen wir richtig zuschlagen! So sind sie, die Indianer! Das heißt, so waren sie!

Und als sie bei Tisch sitzen, und es gibt Braten und Nudeln und Salat, sehen sie ein winziges Schüsselchen, aus dem nehmen die Weißen nur vorsichtig eine Messerspitze, das ist nämlich scharfer Senf (wahrscheinlich der rote Löwensenf). Und so fährt der erste junge Häuptling mit seinem Esslöffel in den gelben Senf, schaufelt sich den in den Mund – und schon rinnen ihm, obwohl doch ein Indianer nicht weint, die Tränen über die Häuptlingswangen.

»Warum weint mein Bruder?«, fragt sein Bruder. Und der tapfer Weinende sagt: »Mir ist gerade der Tod unseres Vaters in den Sinn gekommen!« »Aha«, sagt der andere. Und: »Hats geschmeckt?« Der Senf-Esser nickt, und so fährt der zweite auch mit seinem Esslöffel in den Senf, schiebt ihn in den Mund. Und auch ihm schießen sofort, während ihn sein Bruder mit boshafter Neugier beobachtet, die Tränen in die Augen.

Scheinheilig fragt er ihn: »Und warum weint mein Bruder jetzt?« »Ich weine, dass mein Vater und nicht du gestorben bist!«

Ich hielt die Geschichte für komisch, aber für unglaubwürdig, für konstruiert, bis ich 1976 zum ersten Mal nach Hollywood, zum ersten Mal nach Los Angeles kam. Ich kannte von den USA bisher nur die Ostküste, New York und Neuengland. Und L. A. ist ja, wenn man niemanden kennt und keine Kinder dabei hat, die man nach Disneyland oder Universal City führen kann, eher langweilig, eine endlose Autobahn, die an Palmen und Luxusvillen vorbeiführt, ach ja und das Schild »Hollywood« in den Bergen.

Aber es liegt bekanntlich ziemlich nahe an Mexiko. Und weil ich noch nie mexikanisch gegessen hatte in meinem Leben, suchte ich mittags ein mexikanisches Restaurant auf, allein. Ich weiß nicht, ob ein gutes oder nicht, ich hatte dafür weder Kategorien noch einen Guide.

Man gab mir die Speisekarte, ein köstliches Corona-Bier mit Limonenschnitz, und noch ehe ich auch nur bestellt hatte, stellte man mir eine Schale mit einer kalten Suppe hin, ich hielt es jedenfalls für Suppe. Ach, Gazpacho, dachte ich, eine mexikanische Gazpacho. Komisch, dass ich die bekomme, noch ehe ich bestellt habe!

Ich zuckte beim ersten Löffel zusammen, mein Gott, war die Suppe scharf. Dann aber aß ich sie tapfer weiter, Löffel für Löffel, die Augen tränten, aber ein Indianer weint nicht. Ich aß die Schüssel leer und wunderte mich, wie mich ein paar andere Gäste dabei anstarrten. Also nickte ich tapfer. Jawoll, das verkrafte ich, ein Europäer. Some like it hot! Manche mögen's scharf!

Später, als ich die richtige Suppe und das richtige Essen bekam, ahnte und erfuhr ich Schreckliches: Die Schale hatte keine Suppe, sondern eine pikante Soße enthalten.

Sozusagen einen mexikanischen Senf, eine scharfe Chili Sauce.

Und keine Seele war dabei, die mich fragte: »Warum weint mein Bruder?« Die nächsten 48 Stunden konnte ich mein Hotelzimmer nicht mehr verlassen.

Dornröschen und Schneewittchen

Als ich vier, fünf, sechs Jahre alt war und erst Märchen vorgelesen bekam, dann Märchen selber las, vor allem die der Gebrüder Grimm (warum eigentlich Gebrüder statt Brüder, das wusste ich damals nicht. Aber weiß ich es heute?), da war Schneewittchen mein Favorit. Absolut. Nicht Rotkäppchen, die zwar der armen Großmutter Kuchen brachte, aber den Wolf im Bett der Oma fragte, warum er so große Ohren hätte. Und so große Augen. Und ein so großes Maul. Warum wohl!

Auch nicht Dornröschen. Obwohl die hinter einer großen Hecke einschlief, 100 Jahre, das war schon imposant. Und wie die Ritter und Prinzen alle zuschanden kamen, die zu ihr vordringen wollten, von Dornen aufgespießt, von der Hecke gefangen. Weil die Zeit noch nicht reif und der Richtige noch nicht gekommen war, der sie wachküssen durfte. Ohne etwas von Freud zu wissen, ahnte ich da – wie alle Kinder – etwas von schlummernder Sexualität. Und wie schön es sein muss, wenn man zur rechten Zeit kommt (die Zeit vom 12. bis zum 16. Jahr kommt einem vor wie 100 Jahre). Zum Wachküssen. Und die Hecke auch nicht mit dem Schwert niedermähen muss, weil sie sich von selbst öffnet. Nicht einmal ein Held muss man sein im richtigen Augenblick.

Dennoch, mein absoluter Liebling, mein Traum- und Superstar war Schneewittchen. Nicht, weil ich schon geahnt hätte, wie das war, als die Mütter im Kindbett starben, weil Dr. Ignaz Semmelweis das Kindbettfieber erst 1861 durch Hygiene besiegt hatte. Und wie schwer es war, wenn die böse Stiefmutter kam und schon wegen des Erbes 1000-mal schöner sein wollte. Oder nicht wollte, dass Schneewittchen 1000-mal schöner wäre.

Nein, es war wegen des Vergleichs der Schönheit von Schneewittchen. Wegen des harmonischen Gleichklangs. Rot, weiß, schwarz. Weiß, schwarz, rot. Als die Mutter sich vor ihrer Empfängnis in den Finger stach, und ein Tropfen Blut fiel in den Schnee am Fenster, dessen Rahmen aus schwarzem Ebenholz war, da sah die künftige Schneewittchen-Mutter den roten Blutstropfen im weißen Schnee neben dem schwarzen Ebenholzrahmen, und da wünschte sie sich ein Mädchen »weiß wie Schnee, rot wie Blut und schwarz wie Ebenholz«. Nicht mehr und nicht weniger. Nichts von Maßen wie 90-60-90, nur weiß wie Schnee, rot wie Blut, schwarz wie Ebenholz.

Ich starrte vom Märchenbuch hoch, fing zu tagträumen an angesichts dieser perfekten Farbkonkordanz. Natürlich, im Kino sah ich damals schon schöne Frauen. Olga Tschechova, Marika Rökk, Hertha Feiler, gar Zarah Leander oder Kristina Söderbaum. Aber die waren meist nur schwarzweiß, und wenn sie in Farbe waren, dann verschwammen sie in Bonbon-Farben, wie das die Farbfilme damals so an sich hatten. Es lag aber auch daran, dass Schneewittchen nur in meiner Phantasie existierte. Und da ist bekanntlich alles schöner: rot wie Blut, weiß wie Schnee, schwarz wie Ebenholz. Nicht mehr und nicht weniger.

Eines Tages bekam ich ein Märchenbuch geschenkt, Gebrüder Grimm, illustriert, mit schönen bunten Bildern, die alle eine Butzenscheiben-Nostalgie ausstrahlten wie später die Werkstatt von Hans Sachs in »Meistersinger«-Aufführungen. Nur dass Hans Sachs noch zu dick war. So waren gereifte Sänger. Damals. Pavarotti-artig.

Jedenfalls sah ich zum ersten Mal Schneewittchen. Ich war entsetzt, entgeistert. Das sollte Schneewittchen sein? Dieses Abziehbild. Zwar war sie weiß wie Schnee, ihre Haut war blass. Auch hatte sie blutrote Lippen und rabenschwarze Haare. Aber das war auch alles, was meiner Vorstellung, meinen Phantasien von Schneewittchen ähnelte. Von ihrer Schönheit waren nur die platten Farben übrig geblieben. Nichts davon, was meine Wunschphantasien aus diesen drei spärlichen Farbvorgaben gezaubert hatten. Ich habe es damals nicht begriffen, aber vielleicht geahnt: Man muss die Phantasie mit wenig anregen, damit sie viel daraus macht.

Ähnlich ging es mir mit Gulliver und den Liliputanern. Und wenn mein Sohn heute davon schwärmt, wie toll der »Herr der Ringe«, besonders Teil zwei, sei, was man da alles sehen könne, dann weiß ich, dass die »special effects« und die Computer-Animationen endgültig über die (Lese-)Phantasie gesiegt haben.

Damals, als ich fünf oder sechs war, kannte ich auch noch keine Pubertät (ich hing noch tot in der Rosenhecke von Dornröschen, ein verfrühter, trauriger Ritter) und also auch den Karl-Kraus-Satz noch nicht: »Der Beischlaf hält nicht, was die Onanie verspricht.« Auch so ein Satz über die Phantasie.

Schneewittchen, die lebte für mich hinter den sieben Bergen, bei den sieben Zwergen. Und ich war, bestenfalls, der siebte Zwerg und nie der Prinz. Von Helmut Qualtinger gibt es einen Sketch über Glanz und Elend eines österreichischen Provinzschauspielers, der nie in Wien, sondern bestenfalls in Teplitz-Schönau oder Märkisch Ostrau gespielt hat. Einmal spielte er in »Schneewittchen« und natürlich war auch er der siebte Zwerg. Und der Kollege, dem er das erzählt, fragt ihn: »Der siebte Zwerg? Wie haben Sie ihn angelegt?« Und der Mime, den Qualtinger spielt, sagt: »Hintergründig!«

Freude und Schadenfreude

Wenn man Freude und Schadenfreude vergleicht, dann möchte man spontan ausrufen: Ja, Freude ist reiner, herzlicher, menschlicher. Als Schadenfreude. Aber stimmt das wirklich? Ist das so?

Ich möchte eine Geschichte aus diesen meinen Tagen erzählen. Ich bin also im Urlaub, und da mein jüngster Sohn Abitur macht, bin ich erstmals seit gut 40 Jahren nicht mehr von den Schulferien abhängig. Ich bin also auf einer thailändischen Insel, Koh Samui, ein Hotel am Sandstrand, lauter gesetzte Menschen, nur die Holländer sind jünger und haben Kinder, Schulkinder dabei, die haben Ferien, aber das tut nichts zur Sache.

Das Hotel liegt wie gesagt am Strand, und wir liegen auf Liegen unter Palmen respektive Sonnenschirmen, es ist tropisch heiß, das Meer ist postkartenblau, nur wenn kleine Wolken ihre Schatten drüberwerfen, kräuselt es sich dunkelblau wie Tinte.

Meine Frau sagt, ich könnte doch ein paar Bilder von ihr machen, wie sie schwimmt, ins Wasser steigt, aus dem Wasser steigt. Ich sage, okay, geh schon mal vor, und setze mich auf die Liege, die am Rand der Hotelterrasse steht, etwa eineinhalb Meter höher als der Sandstrand. Ich setze mich also auf den unteren Teil der Liege, nehme den Fotoapparat aus der Fotoapparat-Tasche und wechsle das Objektiv mit dem Teleobjektiv aus. Das heißt: Ich will das Objektiv herausschrauben, es in die Fototasche tun, die Linse mit Verschlüssen abdecken, das Teleobjektiv herausnehmen, seinen Klappverschluss und seinen Klappdeckel abnehmen und es in die Kamera einschrauben. Ich will. Aber in Wahrheit merke ich, während ich das Teleobjektiv in der einen Hand halte und die Kamera in der anderen, dass ich mich zu tief unten auf die leichte Plastikliege (weiß, mit blauer Plastikmatratze) gesetzt habe. Mist, denke ich, das heißt, ich denke etwas vulgärer: Scheiße! Und dass ich mich falsch auf die Liege gesetzt habe, absolut unprofessionell ungleichgewichtig. Und dann denke ich, dass meine Frau auch noch Recht hat, wenn sie sagt, ich sei zu schwer (sie sagt: zu dick! Aber das ist relativ). Aber das denke ich nur noch halb, denn in dem Augenblick, als ich das gerade zu Ende denken will, hebt sich der obere, hotelzugewandte Teil der Liege – man nennt das Hebelwirkung – und fällt über meinen Kopf, mich mit dem unteren Teil fortreißend, die eineinhalb Meter Böschung hinunter, und ich falle, Hals über Kopf, mit. Und das Teleobjektiv fällt auch, und die objektivlose Kamera und die Fototasche mit dem anderen Objektiv und das blaue Strandhandtuch des Hotels, das es leichter hat, weil es beim Fallen etwas flattert.

Das Ganze muss ziemlich komisch, um nicht zu sagen: lächerlich, ausgesehen haben. Und die Leute, die auf den anderen Liegen im richtigen Gleichgewicht lagen, hörten erschrocken den Lärm und sahen den Fall. Und da rappelte ich mich im Sand auch schon auf und schüttelte den Kopf, als mich jemand fragte: Haben Sie sich wehgetan? Und während ich aufstand und humpelte und dachte: Mist (oder dachte ich wieder: Scheiße?), das tut doch ganz schön weh, hoffentlich ist mir nichts passiert, sagte meine Frau, wobei sie erst ein besorgtes Gesicht machte und dann lachte: »Das sieht dir wieder ähnlich!«

Dann lachten alle, und das war Schadenfreude, über die das Sprichwort sagt: Wer den Schaden hat, braucht für den

Spott nicht zu sorgen. Und das Reine, Menschliche, Herzliche an der Schadenfreude besteht in zweierlei Hinsicht.

Einmal ist die Schadenfreude so menschlich, weil sie denkt: Das hätte mir auch passieren können. Genauso ungeschickt, dusselig, unüberlegt wie dieser etwas wohlbeleibte Mann auf der Liege gehandelt hat, handle ich auch. Und: Es geschieht ihm recht, wie es auch mir recht geschehen wäre. Und zweitens denkt die Schadenfreude: Na im Grunde ist ja auch nichts Wirkliches passiert! Ja, wenn ich mich bei dem Sturz ernsthaft verletzt hätte, mit klaffender Kopfwunde, blutendem Teleobjektiv und gebrochener Kamera unten gelegen hätte, dann, ja dann wäre die Schadenfreude ausgeblieben. Denn sie erträgt kein ernstes Ungemach, darin gleicht sie dem Slapstick. Wenn es ernst wird, sprechen wir, heiliger Aristoteles, von der Tragödie. Von Schuld statt von Dummheit. Von Mitleid statt von Schadenfreude. Und von Furcht statt von Lächerlichkeit.

So weit die Schadenfreude. Aber die Freude! Die besteht darin, dass ich, liebe Leserin, lieber Leser, Sie ein bisschen beschwindelt habe. Zwar habe ich auf der Liege gesessen und die Objektive ausgewechselt, und die Liege hat bedenklich geschwankt und gewackelt und sich schon nach oben gehoben. Dann aber habe ich gedacht: So dumm wie ich kann man doch gar nicht sein, und bin schnell aufgestanden, noch ehe mich die Liege als Hebel eineinhalb Meter herabkatapultierte.

Ja, was ist nun reiner im Vergleich? Ihre Schadenfreude beim Lesen? Oder meine Freude über Ihre Schadenfreude? Eines von beiden. Oder wie es bei Vergleichen so richtig heißt: Tertium non datur. Entweder oder.

Napoleon und Hitler

Besonders in Zeiten des Krieges lebt die Deutung und Betrachtung des ständig wechselnden Kriegsgeschehens von Analogien: Wir vergleichen das stets Neue, Überraschende, Erschreckende mit Altem, das unsere historische Erfahrung abgespeichert hat. Es gibt die Niederlagen von Waterloo, die Pyrrhus-Siege, und zu dem bevorstehenden Kampf um Bagdad wird Stalingrad zum Vergleich bemüht. Wird den amerikanischen Truppen ein »zweites Vietnam« drohen?, lautet ein anderer Vergleich.

Während ich dies schreibe, sind die US-Kavallerie-Divisionen und Marines keine 80 Kilometer von Bagdad entfernt – und obwohl ihr 500 Kilometer weiter Weg an den Feldzug Napoleons I. gegen Russland im Jahre 1912 erinnert, werde ich den Teufel tun, eine Analogie zu bemühen. Sie mag aber anklingen, wenn man Napoleons und Hitlers Russlandfeldzüge vergleicht, was durchaus passend und historisch gerechtfertigt ist.

Schon allein, dass beide Kriege, der Napoleons gegen Zar Alexander und der Hitlers gegen die Sowjetunion Stalins, fast auf den Tag genau im Juni begonnen haben, der eine 1812, der andere 1941, wirkt wie ein Omen der sich anbahnenden Katastrophe, in der beide Kriege für ihre Präventiv-Verursacher endeten. Vom »dummen Zufall« räsonierte Goebbels in seinen Tagebüchern über die Datumsgleichheit. Hitler hatte den Anfang des »Barbarossa«-Unternehmens vor allem wegen Italiens unglücklichem Engagement am Balkan und in Griechenland um Wochen, ja Monate verschieben müssen, zu seinem Unheil wegen des früh einbrechenden Winters – wie sich herausstellen sollte. Der Russland-Krieg sollte ja in vier, fünf Monaten siegreich beendet sein.

Aber auch die Gründe für die beiden präventiven Überfälle sind analog. Sowohl Napoleon wie Hitler wollten nicht »eigentlich« Russland besiegen, obwohl Hitler in seinem Rassenwahn die Welt der »Slawischen Untermenschen« als »Lebensraum« für das deutsche Herrenvolk betrachtete, beide »meinten« eigentlich England, das sie durch den Sieg in Russland in die Knie zwingen wollten: Napoleon wollte England durch die Kontinentalsperre, die Russland durchbrach, besiegen; Hitler das England, das mit ihm keinen Frieden zur Teilung der Erde wollte, von dem er größenwahnsinnig fabulierte, und das sich, allein schon ein Weltreich, ein Empire, anschickte, sich mit den USA und ihren schier endlosen Ressourcen zu verbünden.

Beide Kriegsherren, Hitler wie Napoleon, hatten unvergleichliche Eroberungen hinter sich, als sie das wahnwitzige Abenteuer riskierten, nach Russland zu marschieren. Beide taten es mit einem bis dahin unvorstellbaren Aufwand: Napoleon marschierte mit 450 000 Mann der »Grande Armee« in Russland ein, Hitler mit drei Millionen Soldaten. Beide sollten mit »Mann und Ross und Wagen«, nachdem sie an Moskau und vor Moskau scheiterten, geschlagen werden; beide wurden nicht nur von den russischen Weiten, sondern auch vom russischen Winter besiegt. Beide hatten St. Petersburg respektive Leningrad auf ihrem Vormarsch sozusagen links liegen lassen (wie Engländer und Amerikaner zu Beginn des Irak-Krieges Basra). Für beide endete das Russlandabenteuer in einer Katastrophe. Napoleon wurde von Marschall Kutusow, den Tolstoi in seinem Roman »Krieg und Frieden« grandios beschrieben hat, in den

Schlachten von Borodino und Smolensk besiegt, aber erst, nachdem er in das verlassene Moskau einrückte, das die Russen auch noch in Brand steckten, so dass der Kaiser mit seinem völlig erschöpften Heer durch einen frühen und schrecklichen Winter den Rückzug antreten musste: Nach den Kämpfen beim Übergang über die Beresina (Napoleons Stalingrad) waren von der »großen Armee« ganze 15 000 Mann übrig geblieben. Kutusow hatte im Übrigen die Franzosen weniger mit großen Schlachten als mit einer Art Guerilla-Taktik geschwächt und nervös gemacht – vorweggenommene Partisanen- und Guerilla-Kämpfe, wie sie auch Engländer und Amerikaner mit Terroristen-Anschlägen und lokalen Aufständen nach Ende der Kriegshandlungen erlebten.

Hitler erreichte die Nähe Moskaus Mitte Oktober; am 15. Oktober gab Stalin die Weisung, Verwaltung und Kriegsindustrie aus der Stadt zu evakuieren. Am 25. Oktober setzten starke Schneefälle ein, als Hitlers Armeen bis zum Ort Istra, 50 Kilometer vor Moskau, vorgestoßen waren. Einige Verbände hatten das Weichbild der sowjetischen Hauptstadt schon vor Augen. Im November fielen die Temperaturen unter zwölf Grad minus. Wachleute, die einschliefen, waren am Morgen erfroren. Es war der Anfang vom Ende, das sich bis 1945 durch Millionen und Abermillionen Tote quälend vollzog. Im Übrigen hat der Russlandfeldzug bei Hitler sämtliche Hemmungen fallen lassen: Massenerschießungen und die Massenmorde der Endlösung begleiteten den grausigen Krieg.

Ein wichtiger, ja essenzieller Unterschied zwischen Napoleon und Hitler aber besteht: Hitler war ein korrupter Menschenschlächter, Napoleon hatte in seinen Kriegen die Fortschritte der neuen bürgerlichen Gesetzlichkeit und Freiheit exportiert: Nach seinen Siegen wurden die Völker freier, und diese neue Freiheit verloren sie auf Dauer auch nicht mehr nach seinen Niederlagen. Als er in Russland einfiel, hatte er sich freilich vom Befreier zum Usurpator verwandelt.

Hier könnte eine neue Analogie, ein neuer Vergleich beginnen, und Blair und Bush werden, wie ich finde zu Recht, nicht müde, eine neue freiheitliche Ordnung als Ziel ihres Krieges und Sieges den Irakern zu versprechen. Aber diesen Vergleich sollte man erst ziehen, wenn die Zeit dazu gekommen ist.

Deutschland und Karthago

In der Schule lernte man – und das war vor der Pisa-Studie und den mehr oder weniger heftigen Kulturrevolutionen um 1968 (in der heftigsten übrigens, der Mao Tse Tungs, wurden in China einfach mehrere hunderttausend Lehrer von ihren Schülern, die Bildung für klassenfeindlichen Dreck hielten, totgeschlagen, einfach so) –, in der guten, alten, schlechten alten Schule also lernte man Latein und beispielsweise den A.C.I., den Akkusativ mit Infinitiv, und als Exempel diente ein Satz von Cato dem Älteren: »Ceterum censeo Carthaginem esse delendam« – »Im Übrigen bin ich der Meinung, dass Karthago zerstört werden muss«, und zwar Carthaginem, Akkusativ, ja, so war das!

Das Karthago, das zu zerstören war, der Hauptkonkurrent Roms, führte als See- und Mittelmeermacht drei Kriege gegen Rom bzw. Rom gegen Karthago; angefangen haben wahrscheinlich beide, wie das so ist. Der erste dauerte von 264 bis 241 vor Christus, der zweite von 218 bis 201 und der dritte von 149 bis 146 vor Christus, kurz und schmerzhaft. Und nach dem dritten Krieg war Karthago vollkommen untergegangen, gänzlich ausgelöscht, und Roms Weg zur Weltherrschaft war frei.

Heute ist, wo Karthago war, eine Ruinenstadt am Golf von Tunis, mit ausgegrabenen Ruinen der Thermen des Antonius, und im nahe gelegenen Badeort Salambo befinden sich eine Nekropole, also eine Totenstadt, sowie spärliche Reste der antiken Hafenanlagen. Und über dieses Salambo hat der große Romancier Gustave Flaubert 1863 einen historischen Roman geschrieben (Titel »Salammbô«), die Geschichte der aufständischen Söldner nach dem Ende des Ersten Punischen Krieges, also 241, die aus Enttäuschung über den geringen Sold revoltierten – ein üppig exotischer Roman mit einem fast an Brecht gemahnenden Thema.

Ach ja, und dann gab es Hannibal, der seine Kindheit während der Niederlage des Ersten Punischen Krieges im karthagischen Spanien verlebte, also mit einem unbändigen Hass gegen die Römer aufwuchs. Und um Rom, als er erwachsen und Feldherr im Zweiten Punischen Krieg war, militärisch zu überraschen und seinen Krieg nicht in Spanien, sondern in Italien zu führen, zog er 218 vor Christus mit 90 000 Mann Fußvolk, 12 000 Reitern und 37 Elefanten (den damaligen Panzern der Karthager) erst über die Pyrenäen, wich den Römern in Gallien geschickt aus und überstieg dann in 15 Tagen unter unendlichen Qualen und Mühen die Alpen (vermutlich den Kleinen St. Bernhard-Pass). Ein Großteil seines Heeres kam dabei allerdings zu Tode, der Rest war ermattet. Trotzdem. Nachdem er auch noch, nach einer Ruhepause, den Apennin überklettert hatte, besiegte er die Römer bei Cannae. 70 000 Tote kostete das Rom.

Hannibals Heer war nach diesem Sieg zu geschwächt, um Rom wirklich angreifen zu können, aber die Römer zitterten vor einem Angriff auf die Stadt. Der Schreckensruf »Hannibal ad portas!« erschallte, und es war Cicero, der ihn in seiner ersten »Philippica« (Brandrede) zum geflügelten Wort machte.

Warum erzähle ich das? Bestimmt nicht, um an den Schulstoff der guten alten Penne der »Feuerzangenbowle«-Zeit zu erinnern. Sondern wegen der Vergleiche, der Analogien.

Kommen wir zu Bertolt Brecht. Der große B. B. war ein großer Meister der historischen Vergleiche und geschichtlichen Analogien, um seine Zuschauer und Leser politisch-didaktisch zu belehren. In dem Roman »Die Geschäfte des Herrn Julius Caesar« schrieb er sozusagen den ersten »Kein Blut für Öl«-Roman, in sehr grob genialer Vereinfachung. Und der historische Galilei musste herhalten, um im Theater die willfährigen Atombomben-Wissenschaftler zu warnen und zu geißeln.

In die letzten Lebensjahre Brechts fiel die Wiederaufrüstung der Bundesrepublik, die zum ersten Mal eine kräftige Friedensbewegung mit zahlreichen Protestmärschen (die so genannten Ostermärsche von Christen und Sozialisten) vor allem gegen die Stationierung atomarer Waffen auf westdeutschem Boden auf den Plan rief. Sie standen gegen das auf, was sie westdeutsche Remilitarisierung nannten und Restauration schlimmer Traditionen. Von Franz-Joseph Strauß, dem ersten Verteidigungsminister, stammt übrigens aus jenen Jahren ein aparter Vergleich. Als »kalter Krieger« attackiert, sagte er: »Lieber ein kalter Krieger als ein warmer Bruder.« So waren die Zeiten!

Brecht, damals der gefeiertste und berühmteste Theatermann der Erde, nahm aus dem Berlin der DDR heftig am Kampf gegen die Wiederaufrüstung teil und Anteil. Er schrieb zum Beispiel dem Bundestag einen Brief, in dem er vor der Wiedereinführung der allgemeinen Wehrpflicht warnte – sie bedeute die Gefahr eines dritten Weltkrieges. Und der große alte Paraboliker benutzte als »Ceterum censeo« (als Warnung vor dem Krieg und nicht, wie bei Cicero, Ermunterung zum Krieg) stets das Vergleichsbild von den drei Punischen Kriegen. Zwei habe Karthago verloren, beim dritten sei es vom Erdboden gelöscht worden. Die Kassandra-Analogie war offenkundig, Brecht wollte vor einem dritten Weltkrieg durch Westdeutschlands Wiederaufrüstung warnen.

Aber sein Vergleich hinkte, Gott sei Dank. Und auch die damalige Friedensbewegung behielt nicht Recht. Aber das ist nachher, aus dem Rückblick, leicht zu sagen. Und ich wage keine Analogie zu heute.

Freie Liebe und Safer Sex

»Komisch«, sagte mir der fast neunzigjährige Billy Wilder, »komisch, wenn man mich während meiner Schulzeit in Wien erwischt hätte, dass ich ein Präservativ in der Tasche gehabt hätte, dann wäre ich unter Garantie von der Schule geflogen, damals am Realgymnasium in Wien in den zwanziger Jahren. Heute werden die Schüler belobigt.«

Es war während der Zeit, als zum ersten Mal an den Schulen die große Aufklärungskampagne gegen Aids lief und die Schüler beschworen wurden, doch bitte um Himmels willen ein Kondom zu benutzen, die Aufklärungszeit für »Safer Sex«: Sie tun's ja doch, also sollen sie es lieber mit dem Verhüterli tun. Und das war die Zeit, wo es hübsch bunt und poppig als fröhlicher runder Kreis auf Plakate gemalt wurde, mit flotten Sprüchen, die alle besagten: Ihr sollt schon euren Spaß haben, das ja, aber aufpassen sollt ihr dabei. Gib Aids keine Chance! So hat jede Jugend, jedes Jungsein neue Probleme bei der Last seiner Freuden. Als mir Wilder das erzählte, eine Generation älter als ich, erlebte ich, wie meine Kinder, eine Generation jünger als ich, in der Schule über den Segen der Kondome aufgeklärt wurden.

Schrecklich, die Armen, dachte ich. Und an die unbeschwerte Zeit der 68er dachte ich, die für den Frieden vögelten (»Make love, not war!«) und für eine bessere Gesellschaft und den Slogan hatten: »Wer zwei Mal mit der gleichen pennt, gehört schon zum Establishment.« Kommune I und Langhans, na, man weiß das ja aus Nostalgie-

Dokumentationen, wie sie zurzeit im Fernsehen laufen. Und Friedensdemonstrationen gibt es auch wieder, aus gegebenem Anlass wie damals gegen Vietnam. Aber »Fuck for Peace« ist dabei nicht der Slogan – soweit ich das überblicken kann. Und wie sollte man auch auf eine solche Idee kommen, wo doch Bundestagspräsident Thierse mitmarschiert und Pastor Schorlemmer. Thierse und Schorlemmer, nein, da kommt man schon nicht auf dumme Gedanken!

Generationen unterscheiden sich, auch wenn man sie vergleichen kann. Und dazu fällt mir immer Karl Valentin ein, der spindeldürre Münchner Komiker mit den linksgedrehten Gedanken, der einmal zu einem Jungen (gespielt von seiner kongenialen Partnerin Liesl Karlstadt) in einem Sketch sagte: »Schämen Sie sich, dass Sie so jung sind! Ich war auch mal jung, vielleicht sogar jünger als Sie!«

Das stimmt, und ich war auch mal jung, jünger, als die Polizei erlaubt. Das war nach 1945, und da herrschte das Chaos der anarchischen Nachkriegsjahre, und man hatte noch nicht Angst vor Aids, sondern – noch – vor der Syphilis und dem Tripper, und wenn man nicht krank wurde (wie solche Genies wie Nietzsche, Gauguin, Schubert oder Maupassant – den Teufelspakt zwischen Genialität und Geschlechtskrankheit hat ja mit wohligem Schaudern Thomas Mann im »Doktor Faustus« beschrieben), dann konnte man ungewollt schwanger werden oder ungewollt schwängern. Und die schöne traurige Zeit der Libertinage der 68er war ja einmal durch das Penizillin gesichert und zum anderen durch die Antibabypille. Sorglose Zeiten das, damals.

Vorher aber, in den späten Vierzigern, als ich pubertierte, da drohten die Geschlechtskrankheiten nach dem GV, wie der Sex damals hieß. Und auf Plakaten (»Kennt ihr euch überhaupt?«, fragten sie drohend und zeigten zwei sich umarmende Schatten à la Lili Marleen) wurde für Kondome geworben, wenn auch sehr versteckt.

An uns Junge war allerdings nicht gedacht, wir sollten es durch die Rippen schwitzen – wobei die Onanie auch noch blind machen sollte. Und taub. Und Rückenmarksschwindsucht. Und überhaupt. Ich fuhr damals als Fünfzehnjähriger aus der DDR, als sie gerade noch die Zone war, illegal, während der Schulferien, in den Westen, zu Verwandten in Stuttgart. Und als ich zurückkam, musste ich an der Grenze fünf Stunden auf einen Zug warten, im Harz, vielleicht in Quedlinburg. Und zuerst habe ich mit einem Mädchen geknutscht, die da auch in der Mittagshitze wartete, aber schon nach einer Stunde weiterfahren konnte. Und dann habe ich mich gelangweilt.

Und dann habe ich meinen ersten Kondom-Automaten gesehen und bedient, mir das erste Präservativ angesehen, gestaunt und die Packung schließlich in meiner Hosentasche vergessen. So wichtig war das nun auch nicht.

Meine Mutter hat sie dann gefunden. Und sie hat meinen Vater daraufhin gebeten, mit mir zu sprechen. Und mein Vater, der, als er jung war, ein Wandervogel war und, wie er erzählte, immer an der frischen Luft gesungen und Sport getrieben hatte und gewandert ist, also mein Vater nahm mich beiseite und zitierte Walter Flex: Und zwar den Satz »Rein bleiben und reif werden« sei die schwerste, aber schönste Lebensaufgabe! Echt! Das hat er zitiert. Nach dem Zweiten Weltkrieg!

Meinen Kindern, die sich ohne mich und ohne Walter Flex aufgeklärt haben, habe ich das eigentlich nie erzählt. Damit sie nicht merkten, wie alt ich aussah, als ich jung war. Ganz schön alt!

Tauben und Falken

In der Regierung von George W. Bush gibt es, so war es monatelang zu lesen, »Tauben« und »Falken«. Zu den Falken gehören Richard Cheney, Donald Rumsfeld und, wahrscheinlich auch, Condoleeza Rice. Zu den Tauben gehört, obwohl ehemaliger Militär, Colin Powell. Die Tauben sind meist in der Minderzahl, das heißt, die Falken haben sich im Irak-Konflikt durchgesetzt: Sie haben gewonnen, so oder so. Zuerst so, dann sowieso. Das Sprichwort der Falken lautet: Si vis pacem, para bellum! Wenn du den Frieden willst, bereite den Krieg vor! Das war schon bei den Falken im alten Rom so.

Falken und Tauben stammen in diesem Zusammenhang eher aus der Symbolik als aus Brehms Tierleben. Sie sind symbolische Tiere, die in Mythologie wurzeln. Natürlich hängt diese Symbolik auch mit ihrem Naturwesen zusammen. Die Falken gehören der Ordnung der Raubvögel an, d.h., sie »schlagen« andere Tiere, die sie dann verspeisen (wollen), wenn sie der Mensch nicht daran hindert, der sie seit alters her als Jagdtiere gebraucht. Dazu werden sie abgerichtet, wozu sie vor der Jagd eine Lederkappe tragen. Der Reiz der Falkenjagd bestand im Altertum und Mittelalter unter anderem darin, dass sich mit Vorliebe auch Damen beteiligten. Da machte das Jagen gleich doppelt so viel Spaß.

Der Falke ist ein besonders edler »ritterlicher« Raubvogel, auch weil er, zum Beispiel im Unterschied zum Geier, kein Aas frisst, sondern frische Beute mitsamt dem Gewölle (Haut, Federn, Knochen), das der Falke zur Verdauung braucht. Bei Homer war der Falke der schnelle Bote Apollons. In Kriemhildes Traum (Nibelungenlied) ist es gut, vom Falken zu träumen, und nicht so gut, wenn der Träumenden der düstere Adler erscheint. Tja, sagt das Sprichwort (und Henry Nannen sagte es auch): Mancher startet als Adler oder Falke – um als Suppenhuhn zu landen.

Der Staufer-Kaiser Friedrich II., der in Sizilien lebte, eine maurische Prinzessin heiratete, den ersten modernen Staat gründete und »Mohammed und Christus« als »zwei Hochstapler« bezeichnet haben soll, dieser Friedrich schrieb im 13. Jahrhundert, also im hohen Mittelalter, das erste Buch über den Falken (naturwissenschaftlich) und die Falkenjagd (sportlich): De arte venandi cum avibus (Über die Kunst, mit Vögeln zu jagen), das allerdings erst 350 Jahre später erschien, nämlich 1590.

Die Tauben (»Ruckldigu, Blut ist im Schuh«) sind keine Raubvögel, sondern Taubenvögel, ihre Farben sind graublau grünlich schimmernd, taubenblau, sie fressen Schnecken, Regenwürmer, auch Eicheln und Bucheckern, werden in Großstädten aber vorzugsweise von alten Rentnerinnen gefüttert: Aus Dankbarkeit scheißen sie Kathedralen, Denkmäler und gotische Verzierungen voll. Obwohl sie so friedlich sind, kann ich sie nicht ausstehen, pfui Teufel, und liebe daher das fröhliche, im Walzertakt daherkommende Lied von Georg Kreisler: »Gehen wir Tauben vergiften im Park« mit dem wunderbaren Reimpaar: »Wir sitzen zu zweit in der Laube/Und jeder vergiftet a Taube«.

So hat mir auch das Sprichwort eingeleuchtet, dass der Sperling in der Hand besser sei als die Taube auf dem Dach.

Auch die Taube ist ein Haustier, und das Ruhrgebiet ist voll von Taubenzüchtervereinen, über die Hilmar Hoffmann ein Buch geschrieben hat.

Die Brieftaube fliegt bis zu 100 Stundenkilometer schnell, sie fliegt bis zu 300 Meter hoch und schafft Entfernungen bis zu 150 Kilometern – und zwar hin und zurück.

Die Taube, die sich offenbar zwanghaft vermehrt, ist ein arg symbolisches Tier – und man kann kaum aufzählen, für was sie alles herhalten muss. Sie ist, unter anderem, der Heilige Geist. In Mekka nisteten Scharen heiliger Tauben, und (laut dem Meyer-Lexikon von 1906) »halten Freudenmädchen Körner für dieselben feil«. Die Taube stand nicht nur für den Heiligen Geist, sondern auch für die Jungfrau Maria und die Apostel. Sie kündigte von Gott gesandt das Ende der Sintflut an, und in Wagners »Lohengrin« erscheint sie alljährlich »vom Himmel«, und zwar »naht« sie. Sie war auch das Symbol ehelicher Liebe und Eintracht …

Bis, ja, bis Pablo Picasso seine 1947 gemalte Taube 1949 der Friedensbewegung widmete. Danach wurde sie im »Friedenskampf« (ein schönes Wort aus dem Kalten Krieg) das beliebteste Tier von Wladiwostete bis Ostberlin. Sie schmückte im Berliner Ensemble den Vorhang des Brecht-Theaters. Seeleute aber auf der Reeperbahn und in allen Häfen der Welt singen »La Paloma«, das Lied der weißen Taube – nicht alle so schön gezogen wie Hans Albers.

Der Falke dagegen ist ein Symbol männlicher Art. Bei Dashiell Hammett als Malteser Falke symbolisiert er Habgier und Verbrechen: Humphrey Bogart hat den Detektiv Sam Spade mit der Raubvogel-Natur 1941 bei John Huston gespielt. Und als er am Schluss die geliebte, aber falsche

Frau der Polizei ans Messer liefert und sie ihn fragt, wie er das tun konnte, sagt er:

»Es war leicht für mich!«

So sind sie, die Falken. Kriegerische Machos durch und durch.

Lerche und Nachtigall

Hier wollen wir Lerche und Nachtigall miteinander vergleichen. Wollen wir? Warum nicht?

In Shakespeares vollkommenstem Liebesdrama, in »Romeo und Julia« bekommen die Liebenden genau eine Liebesnacht, bevor sie, »star-crossed lovers« (also verwunschene Liebende) in die Hölle von Verzweiflung, Tod und Verderben stürzen. Ihre Hochzeitsnacht wird leider zum One-Night-Stand. Sie haben heimlich geheiratet, heimlich, weil der unselige Romeo Julias Vetter erschlagen hat und unter Acht und Bann und Blutrecht steht. Julias Amme hat sie verkuppelt, ihnen die eine Nacht ermöglicht, bevor Romeo aus Verona flüchten muss, um nicht dem Tod anheim zu fallen.

Und in dieser Nacht, am Ende dieser Nacht, beschwört Shakespeare Lerche und Nachtigall. Und zwar, indem Julia den liebesmüden Romeo weckt: Wach auf! Die Lerche! Du musst aus der Stadt. Und er: Nein, nein, es ist die Nachtigall, ich kann noch bleiben! Und sie bestärkt ihn, weil sie ihn nicht von sich lassen will, dass es die Nachtigall sei – bis sie, plötzlich, wieder Angst um sein Leben bekommt und ihn, es ist die Lerche! die Lerche!, aus dem Bett vertreibt.

Die schönste Szene von drängender und bedrängender Zeit, von verdrängter Zeit, die die Weltliteratur kennt – soweit ich sie kenne. Die beiden Singvögel fungieren als Uhren, sie dienen den verzweifelten Liebenden als Zeitmaß, als gewünschtes und gefürchtetes. Die Nachtigall, die ansagt, dass es noch nicht Morgen ist, Romeo also bleiben kann. Noch. Und die Lerche, die den Morgen kündet, der für Romeo kein Verweilen mehr duldet.

In Verona gab es damals, so lernen wir, weder Weckrufe noch Weckdienste, weder Radiowecker noch Handys mit digitaler Zeitansage. Man war auf die Natur angewiesen. So wie Graf Bobby, der seinen Freund Freddie, als er seine Uhr vergessen hatte, fragte: »Du, Freddie, wie spät iss?« Und Freddie antwortete: »In zehn Minuten zwölf.« Und Bobby: »Ja, in zehn Minuten! Aber jetzt?« Lerche oder Nachtigall, Kopf oder Adler. In zehn Minuten muss Romeo weg. Oder jetzt.

Brehm erzählt in seinem Tierleben, dass manche Nachtigallen »ihren Namen insofern wahr machen«, als sie sich hauptsächlich des Nachts vernehmen lassen. Und zwar, aufgemerkt: »Ältere Männchen schlagen regelmäßig besser als jüngere.« Was mich an das altdeutsche Sprichwort erinnert: »Wie die Alten sungen, so zwitschern auch die Jungen!« Es tut mir Leid, aber es heißt tatsächlich »sungen«, des Reimes wegen. Sonst müssten ja die »Jungen« »Jangen« heißen. Undenkbar.

Und so singen und sungen die Nachtigallen: »Ihre Lockstimme ist ein helles gedehntes ›Wiid‹, dem gewöhnlich ein schnarrendes ›Karr‹ angehängt wird. Geängstigt wiederholt sie das ›Wiid‹ oft nacheinander und ruft nur ab und zu einmal ›Karr‹. Im Zorne lässt sie ein unangenehmes ›Räh‹, in behaglicher Gemütsstimmung ein tief klingendes ›Tak‹ vernehmen. Die Jungen rufen anfangs ›Fiid‹, später ›Kroäk‹.«

Ja, so ist das, und so war das, und der »Schlag« einer Nachtigall muss 20 bis 24 verschiedene Strophen enthalten. 20 bis 24 Strophen! Mit »Karr« und »Wiid« und »Räh« und »Tak«

oder »Kroäk«. Jedenfalls solange es noch keine tönenden CD-Rom-Lexika gab.

Das Sprichwort »Nachtigall, ick hör dir trapsen« ist auf das alte Westberlin beschränkt und besagt, dass einer mit dem Zaunpfahl winkt oder, wie Tucholsky sagt, bei Schmeicheleien dreimal gröber verfährt, als er es selbst aushalten würde. Das Sprichwort »Dem einen sein Uhl ist dem anderen sein Nachtigall« ist hier phonetisch und plattdeutsch nicht ganz korrekt wiedergegeben und besagt, dass der eine lieber Dieter Bohlen und der andere lieber Herbert Grönemeyer mag. Ich weniger.

Kommen wir zur Lerche. Ich kenne sie vor allem aus Wilhelm Buschs »naturgeschichtlichem Alphabet«, wo es über sie so treffend heißt: »Die Lerche in die Lüfte steigt / Der Löwe brüllt, wenn er nicht schweigt.«

Aber während die Nachtigall zu den Drosselvögeln gehört und des Nachts singt (außer es handelt sich um Hans Christian Andersens »Chinesische Nachtigall«, die ein Kunstvogel ist), gehört die Lerche zu den Lerchen, und es gibt »Feldlerchen«, »Spiegellerchen«, »Heidelerchen«, »Haubenlerchen«, »Lorbeerlerchen«, »Vogelschnabellerchen«, »Hornlerchen«, »Halbandlerchen«, »Alpenlerchen«. Usw., usf. Insgesamt 21 verschiedene Lerchenarten! Und mit »ä«, also als Lärche, ist die Lerche sogar ein Baum! Bei »Wetten dass!« könnte jemand auftreten, der sie alle, rein stimmlich, auseinander halten könnte. Alle Lerchen, fast alle, steigen am frühen Morgen jubilierend und tirilierend in die Lüfte. Dabei sind die Lerchen allesamt kräftig gebaute Sperlingsvögel mit großem Kopf, kurzem oder mittellangem Schnabel, ziemlich niedrigen Füßen ... usw. usf. Aber ihr Gesang! Brehm weiß: »Die meisten von ihnen sind gute, einige ausgezeichnete Sänger. Das Lied, welches sie vortragen, ist arm an Strophen, aber ungemein reich an

Abwechslung; wenige Töne werden hundertfältig verschmolzen und so zu einem immer neuen Ganzen gestaltet.«

Klingt gut, nicht? Aber Julia, der die Lerche ihren Liebsten vertreibt, sagt: »Es ist die Lerche, die so heiser singt / Und falsche Weisen, rauhen Misston gurgelt. / Man sagt, der Lerche Harmonie sei süß; / Nicht diese: sie zerreißt die unsre ja.«

Die Lerche ist hier dem »einen sein Uhl«. Nämlich Julia ihrer. Sie will Romeo behalten. Nachtigall, ick hör dir trapsen!

Die Oper in Wien und Budapest

Die letzte Stunde unseres dreitägigen Budapest-Besuchs verbrachten meine Frau und ich noch einmal im prächtigen und geschichtsträchtigen Café Gerbeaud und achteten, einmal mehr in Budapest, nicht auf unsere Figur. Da es regnete, saßen wir drinnen, und ich, noch voller Freude über die kakanischen Eindrücke, brillierte vor meiner Frau mit meinen Menschenkenntnissen.

»Schau«, sagte ich zu ihr und zeigte diskret auf einen Herrn, der soeben das Café betreten hatte und den Gang auf mich zukam, »schau«, sagte ich, »solche Menschen findest du nur in Österreich, in Tschechien oder Ungarn. Sie sind typisch für die ehemaligen k. u. k.-Hauptstädte wie Budapest, Prag oder Wien. Unverwechselbar gehören sie hierher. Charakteristisch sind sie. Wie die Cafés oder das Schönbrunn-Gelb der Schlossmauern.«

Der Herr, der einen buschigen weißen Schnurrbart hatte, eine kühne Hakennase in einem braun gebrannten Gesicht und eine kleine braune Lederkappe trug, war inzwischen ein paar Schritte näher gekommen. Leider erkannte er mich, trat auf uns zu, entschuldigte sich, dass er uns begrüße, und sagte, er sei aus Dresden und komme schon seit vielen Jahren immer wieder nach Budapest. Meine Frau verzog spöttisch die Unterlippe. Mein Mann, der Menschenkenner, schien ihr Blick zu sagen. Von wegen k. u. k.!

Dresden! Sächsisch!

Später habe ich mit dem Herrn aus Dresden, einem Bauingenieur, noch ein paar Sätze gewechselt, und er hat mir etwas bedenkenswert Interessantes erzählt. Dass nämlich Budapest inzwischen auch nur noch eine der üblichen Städte sei. Richtig grau. Ja, er gebrauchte das Wort »grau«. Früher, vor der Wende, ja, da sei Budapest für jemanden aus der DDR das Nonplusultra gewesen. Schön gekleidete Menschen, elegante Frauen, hier und da Neonreklame und die Gebäude an der Donau mitten in der Nacht fast taghell erleuchtet. Eine Glitzerstadt. »Das Paris des Ostblocks. Nach Paris konnten wir ja nicht!«, sagte er. »Und jetzt? Eine schöne Stadt, gewiss.

Aber eben nicht mehr.«

Mir fiel ein, dass Städte immer auch vom Vergleich leben – Dresden gleich Elbflorenz – und dass Ungarn, als es noch den Ostblock gab, als fröhlichste Baracke im Straflager Ost galt. Hier war Freiheit, hier war Leben, Wein, Gulasch-Kommunismus, Zigeunermusik, Mode – eben das Paris des Ostens. Schließlich hat ja, wenn man es recht bedenkt, Ungarn das Ende der DDR eingeleitet und eingeläutet, als es die Grenzen für seine ostdeutschen Touristen nach Österreich öffnete.

Die Ungarn, die ein wunderbares Deutsch sprechen, indem sie die Vorsilben bétonen (das klingt dann wie Betton), lieben Vergleiche und leben von Vergleichen. Diese stolze, unbändige und aufmüpfige Nation hat gegen die übermächtigen Österreicher so lange Aufstände und Revolutionen gemacht (die berühmteste 1848 mit Kossuth an der Spitze), bis es 1867 zum gleichberechtigten, fast gleichberechtigten Teil der Doppeladler-Monarchie aus Österreich und Ungarn wurde. Otto von Habsburg, der im Europaparlament war, soll, als eine Sitzung wegen einer Fußballländerspiel-Übertragung ausfiel, gefragt haben, wer denn spiele. Und als ihm »Österreich – Ungarn« geantwortet wurde, nachgefragt haben: »Gegen wen?«

Jedenfalls freuen sich die Budapester immer, wenn man Budapest mit Wien vergleicht, und sie nicken, wenn man sagt, es sei eigentlich das schönere Wien. Ganz klar, weil die Donau hier in Budapest mitten durch die Stadt fließe. Und das sei wie mit der Moldau in Prag. Und so weiter.

Auch lieben die Ungarn alles größer und prächtiger, und eigentlich hat ihr unbändiger Nationalstolz sie immer ein bisschen auch über ihre Verhältnisse leben lassen. Jedenfalls auf großem Fuß.

Nehmen wir zum Beispiel das Parlament, das seine gewaltige Kuppel und neogotisch zackige Silhouette in den Himmel über die Donau reckt, wenn man von der Seite Budas auf Pest blickt. Es soll das größte Parlamentsgebäude Europas sein, und als es von 1884 bis 1902 gebaut wurde, durften noch nicht einmal zehn Prozent der Ungarn die Parlamentarier für diesen riesigen, an Westminster orientierten Prachtbau wählen.

Noch lieber erzählen einem die Budapester die Geschichte ihrer Oper, an der übrigens Gustav Mahler Chef war, bevor er die Wiener Oper übernahm.

Und bis 1952, als es den Ungarn im Stalinismus besonders dreckig ging, dirigierte hier immerhin Otto Klemperer. Die Oper, ihr wunderbares Orchester, die herrlichen Stimmen, das war der ganze Stolz der Ungarn, neben der Literatur und den Nobelpreisträgern und dem Freiheitsdrang. Bei dem Parlament steht übrigens nicht nur ein Denkmal von Kossuth, sondern auch ein Mahnmal für die Opfer des gewaltigsten Aufstands gegen das Sowjetimperium, der Budapester Revolution von 1956, die blutig niedergeschlagen wurde.

Doch zurück zur Oper und zur Lieblingsvergleichsgeschichte der Budapester.

Die Wiener also hatten ihr Hofopernhaus zwischen 1861 und 1869 von den Architekten van der Nüll und Siccardsburg erbauen lassen, ein Prachtbau am Opernring im Stil der französischen Renaissance. 2347 Zuschauer passen da hinein, von den prächtigen Logen hinauf bis zur Galerie, in der die Studenten stehen.

Und so eine Oper wollten die Budapester auch. Mindestens so eine! Und der Kaiser, es war der unendlich lang regierende Franz Joseph, breiteren Schichten auch heute noch als Gemahl von Sissi erinnerlich, war auch König von Ungarn. Und so erlaubte er seinen ungarischen Untertanen huldvoll den Bau einer Oper. Unter einer Bedingung: Sie durfte nicht ganz so groß werden wie die Oper in Wien.

Und so baute der ungarische Architekt Miklós Ybl von 1875 bis 1884, ebenfalls als Neo-Renaissance-Bau, an der Andrássy-Prachtstraße die Budapester Oper. Die Deckengemälde sind üppig, alles glänzt golden, 1,4 Kilo Blattgold sollen hier verarbeitet sein – inzwischen ist die Oper in allem Prunk renoviert, große Musik erklingt hier auf großem Fuße.

Und als der Kaiser aus Wien als König von Ungarn in Budapest zur feierlichen Eröffnung kam und in seine prachtvolle Mittelloge schritt, vorbei an den Statuen Ferenc Erkels (des Komponisten der schwerblütigen ungarischen Nationalhymne) und Franz Liszts (des ungekrönten Kaisers der ungarischen Musik mit seiner silberweißen Haarkrone), und als er die gewaltigen Kronleuchter sah und die allegorisch bemalten Decken, da soll er gesagt haben: Nein, größer als die in Wien ist diese Oper nicht! Nein, nicht größer! Aber prächtiger! Aber schöner! Man sieht, welch widersprüchliche Gefühle Kaiser und Könige haben, wenn es um ihre Liebe und Huld zu zweierlei Landeskindern geht.

Verschiedene Budapester haben mir die Geschichte voller Freude und Schadenfreude erzählt, so dass ich sie glauben muss. Und in der Oper, wo Ostern Wagners »Parsifal« vom heiligen Gral sang, war eine Ausstellung der Geschichte des Opernballs zu sehen. Und ich ahnte, dass er mindestens so prunkvoll sein muss wie der Wiener. Mindestens! Spätestens eines Tages! Und dass hier auf großem Fuß getanzt wird. Walzer und ungarische Tänze.

Lafontaine und Trotzki

Oskar Lafontaine, ehemaliger SPD-Vorsitzender, Ministerpräsident a. D. des Saarlands, später Hals-über-Kopf-Aussteiger aus der ersten rot-grünen Bundesregierung, zurzeit Montags-Kolumnist bei »Bild«, Oskar Lafontaine also galt lange Zeit als »Saar-Napoleon«. Nachdem aber die SPD ihn von ihrer 140-Jahr-Feier ausgeladen hat, sieht er sich mehr als »Trotzki von der Saar«. Schröder, sein früherer Männerfreund von der Saarschleife und heutiger Todfeind als SPD-Kanzler, wolle ihn, wie weiland Stalin Trotzki aus dem Bild und dem Geschichtsbild der Partei (hier SPD, dort KPdSU, in Klammern: Bolschewiki) wegretuschieren.

Ein kühner Vergleich, teils richtig und teils getränkt von Selbstmitleid. Das bittere Ende Trotzkis, der auf Geheiß und Anstiftung Stalins 1940 in Coyoacan im mexikanischen Exil mit einem Eispickel ermordet wurde, lassen wir beiseite.

Ich möchte Trotzki auch lieber, schon wegen dieses furchtbaren Endes, mit Ernst Röhm vergleichen. Und zwar auch hinsichtlich der späteren historischen Retuschen. Über Ernst Röhm, den SA-Gründer und bis 1934 mächtigsten Nazi neben Hitler, bemühe ich Meyers Lexikon von 1942. Es ist das einzige Lexikon, das in der Nazi-Zeit im vollständigen Geiste der Nazis erscheinen sollte. Das Lexikon geht nur, wegen der kurzen 1000 Jahre (die ja »nur« vom 31. Januar 1933 bis zum 8. Mai '45 dauerten, wobei »nur« für die Millionen Opfer eine zynische Untertreibung ist) bis

Band 9 – von dem Stichwort »Rackett« bis zum (rätselhaften) Stichwort »Soxhlet« (das war ein in Brünn geborener Agrikulturchemiker); dann hatte der Spuk ein Ende, auch lexikalisch. Wir wissen also nicht, was ein Nazilexikon über Ypsilon und Zeppelin zu verlauten hatte. Aber was es über Röhm sagen wollte, wissen wir.

Doch zunächst möglichst objektiv und möglichst kurz die Fakten. Der 1887 geborene Ernst Julius Röhm war nach dem Ersten Weltkrieg ein Freikorps-Offizier, er wurde 1919 Mitglied der NSDAP und war maßgeblich am Aufbau der Parteiorganisation, vor allem aber am Aufbau der SA beteiligt, die er zu einer Art Saalschlacht- und Bürgerkriegs-Armee zu entwickeln suchte. Nach der »Machtübernahme« 1933 wurde er Minister ohne Arbeitsbereich und wollte mit der SA die nationale Erhebung der Kampfzeit fortsetzen – sehr zum Misstrauen der Reichswehr, die keine Armee neben der Armee dulden wollte. Im so genannten »Röhm-Putsch« ließ Hitler unter dem Vorwand einer angeblichen Verschwörung viele SA-Führer, einschließlich Röhm, von der Reichswehr und der Gestapo in drei Tagen (»Nacht der langen Messer«) ermorden. Es gibt darüber übrigens überwältigende Filmszenen in Viscontis »Verdammten«. In der Folgezeit war die SA entmachtet, an ihre Stelle trat, auch als Konkurrenz zur Wehrmacht, Heinrich Himmlers SS.

Röhm also ein Verräter an Hitler, den dieser beseitigen ließ. Das Nazi-Lexikon schreibt darüber (in ganzen 14 Zeilen): »bayr. Offizier ... nahm an der nat. soz. Erhebung teil ... Wegen hochverräterischer Umtriebe (siehe Röhm-Revolte, siehe Deutsches Reich) wurde R. in Bad Wiessee verhaftet und in München erschossen.«

So viel (oder richtiger: so wenig) zu Röhm, dem wohl wichtigsten Kampfgefährten und militärischen Wegbereiter Hitlers. Hitler opferte ihn den deutschen Militärs und schaffte sich wohl auch einen unbequemen, weil durch die SA mächtigen Rivalen vom Leib. Diktatoren haben aus der Geschichte gelernt – aus der Französischen Revolution –, vor dem so genannten Bonapartismus Angst zu haben und daher den potenziellen Napoleon, bevor er die Macht usurpiert, mit Stumpf und Stiel blutig auszurotten.

Das tat in der Sowjetunion auch der Josef Stalin mit Leo Trotzki. Auch hier zunächst die Fakten. Lew Dawidowitsch Trotzki (der eigentlich Leib Bronschtein hieß) war maßgeblich und sehr erfolgreich an der Oktoberrevolution beteiligt: Er organisierte den Aufstand der Bolschewiki in Petersburg und wurde unter Lenin Außenkommissar im Rat der Volkskommissare. Nach seiner Ernennung zum Kriegskommissar im März 1918 baute er die »Rote Armee« auf. Nach 1924, dem Jahr, in dem Lenin starb, verlor er den Machtkampf gegen Stalin, gegen dessen Machtfülle er anzukämpfen suchte. Wegen Sektierertum gebrandmarkt (Trotzkismus, die Rolle der Sowjetunion bei der Weltrevolution), wurde er erst nach Kasachstan verbannt (1928) und dann aus der Sowjetunion ausgewiesen. Er lebte im türkischen, später im mexikanischen Exil, wo ihn Stalin 1940 ermorden ließ.

Meyers Neues Lexikon des VEB Bibliographischen Instituts Leipzig (das umfangreichste DDR-Lexikon in 17 Bänden) behandelt Trotzki in Band 14 (»Tribu – Walther«) von 1976.

Der Stalinismus, sein Personenkult, seine Geschichtsklitterungen waren 76 längst vorbei, und doch findet Trotzki immer noch wenig Gnade – so, als ob in dem Lexikon Stalins blutige Korrekturen noch unangefochten gültig wären. Elf ganze Zeilen bekommt Trotzki, der doch immerhin erst durch seinen Sieg über die Menschewiken und dann durch den Aufbau der Roten Armee, die gegen die Weißen Truppen obsiegte, neben Lenin der wichtigste Schöpfer der UdSSR war.

Noch 1976 heißt es von ihm: »russischer Politiker ... wurde zum Feind des Marxismus-Leninismus ... Nach der Großen Sozialistischen Oktoberrevolution trat T. wiederholt gegen die Leninsche Politik auf. Seine zunehmend antisowjetische Tätigkeit führte 1927 zum Ausschluss aus der KPdSU und zur Ausweisung aus der UdSSR.«

Immerhin vermeldet das Lexikon hinter seinen Lebensdaten: »gest. (ermordet) 21.8.1940 Mexiko-City«.

So viel hat Lafontaine, selber ein Möchtegern-Bonapartist, nicht zu befürchten. Er darf schreibend durch regelmäßige Zeitungsartikel Harakiri begehen – aber nur, wenn er will.

Privat und dienstlich

Aus gegebenem Anlass bat mich ein Student (ein so genannter »junger Mensch«), ihm den Unterschied zwischen »privat« und »dienstlich« zu erläutern.

Nun, sagte ich ihm zunächst, nun, diesen Unterschied gebe es, rechtlich wie moralisch, nur bei beamteten Personen. Vom einfachen Polizisten bis zum, sagen wir: Staatssekretär. Bei allen anderen Menschen gelte, vor allem steuertechnisch, der Unterschied zwischen »privat« und »geschäftlich«.

Ich wählte anschließend das anschauliche Beispiel einer Reise, um »privat« und »dienstlich« vergleichen und unterscheiden zu können. Ich wählte, wie gesagt, aus gegebenem Anlass Rezzo Schlauch, nicht nur Staatssekretär im Bundeswirtschaftsministerium, sondern gleichzeitig auch noch »Beauftragter der Bundesregierung für den Mittelstand«. »Nehmen wir also mal an«, erklärte ich dem Studenten, »nur so zum Beispiel, ein Staatssekretär, der auch noch Beauftragter für den Mittelstand ist, und zwar der Bundesregierung!, hat einen Bruder, den er lange nicht gesehen hat, weil er, der Mittelstandsbeauftragte der Bundesregierung, in Berlin und der lange nicht gesehene Bruder in Los Cruces im US-Bundesstaat New Mexico lebt. Und er will den Bruder sehen und besuchen, und außerdem liebt er die Wüstenlandschaft in New Mexico, besonders wenn die Sonne über der Wüste weit im Westen untergeht und die

Kakteen … Sie wissen schon. Wenn er also hinfährt, dann ist das?«

»Schön«, sagte der Student und bekam glänzende Augen. Wüste, Kakteen, Sonnenuntergang, go West, Bruder, Bruderherz.

»Ja, schön auch«, gab ich zu. »Aber das ist hier nicht die Frage. Sie müssen wissen, New Mexico ist weit.«

»Ah!«, unterbrach mich der Student, »Sie meinen teuer! Der Flug und so!«

»Richtig«, sagte ich. »Und hinzu kommt noch: Der Staatssekretär, den ich hier einmal als Beispiel angenommen habe, ist Schwabe. Pfarrerssohn aus dem Hohenlohischen. Lebensfroh einerseits, sparsam andererseits. Ein Entenklemmer, wie man in Schwaben sagt. Dreht den Pfennig zweimal um, bevor er ihn ausgibt, und den Cent (US-Währung oder Euro, Jacke wie Hose) doppelt so oft. Das wird, privat, teuer, furchtbar teuer.«

»Und dienstlich?«, fragte der Student.

»Dienstlich, ja, dienstlich!«, sagte ich. »Da liegt der Hund begraben. Oder der Hase im Pfeffer. Wie komme ich dienstlich zu meinem Bruder in New Mexico, wenn ich für den Mittelstand in Deutschland tätig bin.«

»Ich verstehe«, sagte der Student und sah mich erwartungsfroh an.

»Der mittelstandsfördernde Staatssekretär«, fuhr ich fort, »muss also zunächst nach Amerika kommen. Dienstlich. Um in den USA den deutschen Mittelstand zu fördern. In Detroit beispielsweise, in Silicon Valley und sogar in Washington.«

»In Washington«, sagte der Student erschauernd, »wo die doch im Moment nicht so gerne Deutsche treffen. Auch keinen Mittelstand.«

»Richtig«, sagte ich, »Schlauch hat immerhin sogar Chrysler-Chef Dieter Zetsche, etwas mehr als Mittelstand, eher Schwergewicht, getroffen, und sicher hat dieser ihm erzählt, dass und ob oder ob nicht die US-Mittelständler nach wie vor Daimler-Karossen kaufen, was ja wichtig zu wissen ist nach dem Irak-Krieg. Und so habe ich auch in der Zeitung gelesen, dass der Staatssekretär (ähnlich wie Verteidigungsminister Struck, der sich rein dienstlich von allen in Washington vor alle Türen komplimentieren ließ) sagte: ›Es ist nicht so schlimm mit der deutsch-amerikanischen Verstimmung. Jedenfalls nicht für den Mittelstand.‹ In Deutschland. Aus Sicht der USA. Oder so.«

»Und der Bruder?«, fragte der Student.

»Ja, der Bruder!«, sagte ich. »Der Bruder und die Sonnenuntergänge in der Wüste. Go West! Um den Bruder zu treffen, ist der Staatssekretär für die Belange des deutschen Mittelstandes sogar deutsche Soldaten besuchen gefahren. In New Mexico?«

»Die Bundeswehr ist also so etwas wie ein Mittelstandsunternehmen?«, fragte der Student, und ich nickte traurig: »Kann man so sagen.«

»Und«, fuhr ich fort, »den Gouverneur hat er bei dieser Gelegenheit auch besucht. Dienstlich.«

»Aber er, Schlauch, hat es sich sicher nicht einfach gemacht.«

»Nein«, erläuterte ich, »nein, wirklich nicht. Sogar eine deutsche Tischfahne, schwarz-rot-gold, und eine Sanduhr hat der Staatssekretär mitgenommen, um hoheitsrechtlich und versicherungstechnisch zwischen dienstlichen und privaten Terminen haargenau unterscheiden zu können. Haargenau! Auf Millimeter und Minute!«

»Und«, fuhr ich fort, »da der Staatssekretär Schwabe ist, aus dem Hohenlohischen wie gesagt, hat er bei privaten Übernachtungen, als er Bill Richardson, den Gouverneur von New Mexico, besuchte, sogar darauf geachtet, dass sie nix kosten, die Übernachtungen. Beim CVJM hat er wahrscheinlich geschlafen. Oder zwischen Kakteen gezeltet. Bei Sonnenuntergang. Oder im Asyl für privatreisende Staatssekretäre genächtigt. Auf Stroh.«

»Verstehe«, sagte der Student. Und fragte dann: »Wie wird man übrigens Staatssekretär im Wirtschaftsministerium und Beauftragter der Bundesregierung für den Mittelstand?«

»Als Strafe«, sagte ich. »Wenn man als Fraktionsvorsitzender der Grünen dienstliche Bonusmeilen privat verfliegt.«

»Das verstehe ich nicht«, sagte der Student.

»Das verstehe ich«, sagte ich, »dass Sie das nicht verstehen. Das ist eben der Unterschied zwischen ›dienstlich‹ und ›privat‹.«

Gerhard Schröder und Heinrich IV.

Mit dem »Irak-Krieg« hat der »Investiturstreit« nicht viel mehr gemeinsam als den ersten Buchstaben, wird also eines Tages in einem Lexikon, das es dann ganz bestimmt nicht mehr gibt, im gleichen Band stehen: Der »Investiturstreit«, gleich »In ...«, vor dem »Irak-Krieg« gleich »Ir ...« und »Siehe amerikanische Außenpolitik 2003«. Beim »Investiturstreit« fehlt selten der Verweis auf den Salierkaiser »Heinrich IV.« und dem wiederum selten der Verweis auf »Canossa«.

Vielleicht würde eines Tages, falls es dann noch gebundene Lexika geben sollte (was, wie gesagt, sehr unwahrscheinlich ist), beim Irak-Krieg der Hinweis auf den »Weltsicherheitsrat« nicht fehlen und auf die seltsame Achse, die Schröder, Putin und Chirac (siehe diese) kurzzeitig gegen die USA bildeten. Kurzzeitig, weil der Krieg schnell zu Ende war – seltsam: Es war der erste Krieg, der ohne Kapitulation des besiegten Gegners endete, einfach so. Und seit dem Kriegsende wird auch in Deutschland wieder von Canossa gesprochen und geschrieben. Von Schröders Gang nach Canossa, den dieser natürlich nie, nie, nie im Leben gehen wird, der doch nicht. Und wenn er den schweren Gang dann doch geht, dann wird er ihn anders nennen, ganz anders. Und überhaupt wird er Bush, wenn überhaupt allein, dann in Evian treffen. Und dann in Petersburg. Und dann wird man die Länge des Händedrucks messen, falls es überhaupt einen gibt. Nix da Canossa! Auf gleicher Augenhöhe, wie es im neudeutschen Politikerslang heißt.

Canossa ist inzwischen eine verfallene, auf steilen Felsen gelegene Burg in der italienischen Provinz Reggio nell'Emilia und wurde berühmt durch den Bußgang Kaiser Heinrichs IV. zu Papst Gregor VII., der dort auf der noch unverfallenen Burg bei der Markgräfin Mathilde weilte. Und zwar vom 25. bis zum 28. Januar 1077. Drei ganze Tage. Leider im Januar, als es bitterkalt war.

Evian ist ein stilles Wasser, das aus dem Ort Evian-les-Bains kommt, aus Savoyen. Das alkalische Heilwasser ist gut gegen Stoffwechselkrankheiten.

Nahe diesen Quellen sind also Schröder und Bush aufeinander getroffen. Es war dann wirklich Sommer, und Schröder musste nicht Buße tun, denn er hatte ein Handy, das er, als es klingelte, blitzschnell an Chirac weitergab. »Jacques, es ist für dich! Doris!« Und dann drehte er sich zu Bush, der notgedrungen sagen musste: »Hi, Gerd.« »Hi, Mr. President. Schönes Wetter. Nice weather.«

Doch zurück nach Canossa, zurück zu Kaiser Heinrich IV. und Papst Gregor VII., zurück zum Investiturstreit und ins hohe Mittelalter. Es ging beim Investiturstreit, vereinfacht ausgedrückt, darum, dass der Papst die Kirche vom Staat unabhängig zu machen suchte, indem er verwarf, dass die Äbte und Bischöfe durch das Königtum in Amt und Würden eingesetzt werden sollten. Stattdessen sollte das künftig durch die freie kanonische Wahl geschehen – also nur und primär durch die Kirche bestimmt werden.

In dieser Auseinandersetzung fordert 1076 der Kaiser und König die Abdankung des Papstes. Im Gegenzug bannt der Papst den Kaiser. Als der Kaiser sieht, dass eine Vereinigung zwischen oppositionellen Fürsten und Papsttum droht, kommt er dieser Gefahr zuvor, indem er über den Mont Cenis nach Oberitalien zieht und dem nach Deutschland reisenden Papst durch dreitägige Bußübungen und Demutsgesten vor der Burg Canossa am eisigen Nordhang des Apennin schließlich am 28. Januar die Absolution und Lösung des Banns abringt.

Übergehen wir kurz das Folgende, dass Heinrich von seinen Fürsten doch abgesetzt wird, die einen Gegenkönig, nämlich Rudolf wählen. Übergehen wir auch, dass beide sich in einer Schlacht bekriegen, dass Heinrich nach Italien zieht, dass ihn Gregor erneut bannt, dass Heinrich den Papst in Rom einkesselt – wie es halt so geht in der Weltgeschichte. Halten wir fest, dass sich zwei Söhne gegen den Kaiser erheben, usw. usf., und dass das alles Schnee von gestern ist.

Damals aber fror es den büßenden Kaiser vor Canossa an den bloßen Füßen, der Papst ließ ihn im härenen Gewand drei Tage im Schnee stehen, und die Gemahlin und den Sohn mit ihm – und seit der Zeit ist ein Canossagang ein Akt, bei dem sich ein Herrscher vor einem anderen demütigen muss, um Schaden von sich und seinem Volk abzuwenden. In der deutschen Geschichte wurde sehr gern und sehr oft säbelrasselnd gesagt: »Nach Canossa gehen wir nicht!«

Der Kaiser hat sich für seine Demütigung übrigens furchtbar gerächt, indem er unter anderem das Land der Markgräfin Mathilde gräßlich verwüstete.

Und wie geht das heute? Schaumermal!

Zwerge und Riesen

Zwei Zeitungsmeldungen vor einiger Zeit haben mich beschäftigt wegen des ausgesprochenen oder unausgesprochenen Vergleichs. Die eine stammte aus der Welt der Verbrechen und Bluttaten. Also: Ein Mann habe seine Frau umgebracht, nachdem sie ihm im Lift »Du Zwerg!« entgegengeschleudert hätte. Ob sich der Fahrstuhl in Aufwärts- oder Abwärtsbewegung befand, wurde nicht vermeldet. Dass es mit dieser Ehe rapide bergab ging, liegt auf der Hand.

Die zweite Meldung ist eine politische, oder soll man sagen, sozusagen statistische. Dass nämlich im kleinsten politischen Bundesland, nämlich Bremen (404 Quadratkilometer, 0,68 Millionen Einwohner), der größte deutsche SPD-Ministerpräsident, nämlich Henning Scherf (2,04 Meter), die Wahl mit dem höchsten Ergebnis der SPD in diesem Jahr gewonnen hat.

Was lehrt uns das? Das Beispiel des langen Kerls der SPD in Bremen lehrt uns gar nix, außer, dass es für viele erfreulich ist. Das Beispiel des Mannes, der zum Mörder wurde, weil ihn seine Partnerin als klein, zu klein, schmähte, macht uns dagegen darauf aufmerksam, dass der Vergleich zwischen Groß und Klein, meist zu Ungunsten des Letzteren angestellt, einer der folgenschwersten, schwerstwiegenden und wichtigsten Vergleiche überhaupt ist, der Vergleich der Vergleiche sozusagen, die Mutter der Vergleiche, der Vater der Kriege und Zwistigkeiten.

Der Vergleich zwischen Groß und Klein hat nicht nur Zentimeter, Meter, Quadratkilometer im Sinn – obwohl die auch und vielleicht sogar zuerst –, sondern verdeutlicht den Unterschied zwischen Macht und Ohnmacht, Bedeutung und Bedeutungslosigkeit, historische Größe (Friedrich der Große, der unter 1,70 Meter war), Potenz, Charakterfestigkeit, weshalb der Löwe eine gewaltige, seinen Kopf vergrößernde Mähne hat, der Pfau ein Rad, das Denkmal einen Sockel und weshalb der Klassiker von edler Einfalt und stiller Größe spricht.

Als ich, unter meinen Geschwistern der Größte (was nur der Älteste bedeutete), noch klein war, durften wir uns sonntagmorgens zu unseren Eltern ins Bett kuscheln, und meine kleine Schwester bat damals meinen Vater jedesmal: »Bitte, erzähl uns was von deiner Kleinheit.« Sie meinte natürlich Kindheit, sie wollte von Papa hören, dass er mal wie sie selbst war, klein und weder furcht- noch ehrfurchterregend.

Wenn ich darüber nachdenke, dass in meinem Pass als meine Größe 1,76 Meter steht und dass mein Vater 1,75 Meter war, dann fällt mir ein, wie mich meine Kinder verhöhnten: »Du und 1,76 Meter, niemals! Da hast du geschwindelt!« Und dann lachten sie, und ich dachte: Vielleicht wolltest du wirklich nur einen Zentimeter größer als dein Vater sein! Meine drei Söhne sind übrigens inzwischen alle über 1,80 Meter. Und dass sie sich einen Zentimeter im Pass geborgt hätten (was ich natürlich nicht habe, ich bin nur geschrumpft), wirft ihnen niemand vor.

Von Karl Kraus gibt es den wunderbaren Satz über falsche Bescheidenheit: »Machen Sie sich nicht so klein, so groß sind Sie gar nicht!« Aus dem klassischen Hollywood stammen die boshaftesten Vergleiche über Groß und Klein. So hieß es über eine große Frau, ich glaube, es war die Klatschkolumnistin Hedda Hopper, sie sei so groß, dass ihr Haupt sechs Monate im Jahr mit Schnee bedeckt sei. Und über den berühmten Filmagenten Irving Lazar hieß es, er sei so klein, dass er sich zwecks Selbstmord an einem Bonsai hätte erhängen können.

Groß und Klein, Riesen und Zwerge. Dass dies vor allem eine Frage der Perspektive ist, hat Jonathan Swift (der Welt größter Satiriker, möchte ich mal vergleichend behaupten) in »Gullivers Reisen« ein für alle Mal vorgeführt. Zuerst gerät Gulliver zu den Liliputanern, in ein Königreich der Winzlinge, denen er wie ein Menschenberg vorkommt. Und Swift schildert, wie die Däumlinge wichtig, erhaben, groß tun, Redeschlachten und Seeschlachten führen, also aus seiner, aus Gullivers, Perspektive größenwahnsinnig und lächerlich wirken. Wir müssen nur unser Fernrohr auf die Wirklichkeit umdrehen, damit auch wir in Kunst, Kultur, Politik erkennen: Wir haben schon größere Zwerge gesehen.

Auf seiner zweiten Schiffsbruchreise kommt Gulliver unfreiwillig ins Reich der Riesen, schon der Name des Riesenreichs klingt plump, grobklotzig, schwerfällig: »Brobdingnag« heißt das Land der Giganten, denen Gulliver als Däumling erscheint. Und hier beschreibt er das Erschrecken wegen der Übergröße, den fatalen Geruch, den die Riesenhofdamen für Gullivers feine kleine Nase verströmen, ihre scheußlich großen Poren, Gullivers Schrecken, wenn sie Urin lassen, was ihn an einen gewaltigen, ekligen Wasserfall denken lässt.

Am meisten quält ihn unter den plump-gutmütigen Riesen der Hofzwerg (30 Fuß, also »nur« zehn Meter groß), weil er in Gulliver einen gefährlichen Konkurrenten des einmaligen Kleinseins sieht.

Swift schreibt an einer Stelle: »Zweifellos haben die Philosophen recht, wenn sie uns sagen, daß alles nur durch den Vergleich groß und klein sei.« Zweifellos. Auch das Vergrößerungsglas fördert unangenehme Einblicke zutage.

Freuds Couch und Hempels Sofa

Die beiden berühmtesten Liegemöbel, die ich kenne, sind Sigmund Freuds Couch und Hempels Sofa – wie aber kann, darf, soll man die beiden, wenn überhaupt, vergleichen?

Nun, indem man zunächst feststellt, dass Freud seinen Patienten auf einer Couch Platz bot, während sich der Vater der Psychoanalyse mit dem Analysestuhl hinter den Patienten auf der Couch setzte, wo er, der Arzt, weitgehend schweigend verharrte (außer wenn er die Aussagen des Patienten »deutete«), während der Patient redete. Die Couch war absichtlich zu kurz, damit die Patienten auf ihr nicht einschlafen konnten, sondern weiter redeten – gegen Honorar und für ihr Seelenheil.

Warum hat Freud die Couch gewählt und seinen Stuhl hinter die Couch gestellt? Ganz einfach, weil er »nicht acht Stunden täglich angestarrt« werden wollte. Auch, so Freud, fühle sich der Patient freier und entspannter, wenn er liege und den Analytiker nicht anzusehen brauche, während er ihm erzähle, dass er Ödipus heiße, seinen Vater umgebracht und seine Mutter geheiratet habe. Im Traum natürlich, nur im Traum!

Im Patienten, so viel ist klar, sieht es, während er auf der Couch liegt, ähnlich aus wie bei Hempels unterm Sofa. Vatermord und Mutterliebe, Penisneid und Todestrieb, Kastrationsangst und Verdrängung, Waschzwang und frühkindliche Phase, Über-Ich und Es, Witz und Wahrheit, Bettnässerei und Größenwahn purzeln da munter durcheinander. Und das beim strengen Dr. Freud vier- bis fünfmal die Woche, denn so oft wollte er seinen Patienten sehen beziehungsweise eher hören. Er wies sie auf die symbolische Bedeutung von Träumen und Begriffen hin, aber manchmal sagte er auch, denn er war Zigarrenraucher: »Eine Zigarre kann auch einfach nur eine Zigarre sein!« Hillary Clinton ist da, glaube ich, anderer Meinung.

Für eine Weihnachtsumfrage der Wiener Zeitschrift »Die Stunde« hat Billy Wilder 1925 auch Sigmund Freud interviewen wollen. Über Benito Mussolini. Der war, weil nur 1,52 Meter klein, größenwahnsinnig und soll neben seinen aufreibenden Geschäften als Diktator und Duce noch mit über 5000 Frauen geschlafen haben. Ein richtiger Fall für den Psychiater und die Couch.

Freud jedoch, den Wilder in seiner Wohnung und Praxis in der Wiener Berggasse 19 während des Mittagessens störte, wies, die Serviette noch im Hemdkragen, Wilder mit ausgestreckter Hand hinaus: »Da ist die Tür!«, sagte er dem jungen Reporter. Der warf noch einen Blick durch die geöffnete Ordinationstür auf die damals schon berühmte Couch. Er fand sie enttäuschend klein (typisch psychische Reaktion auf den Hinauswurf) und außerdem mit einem türkischen Teppich verhangen. Der Teppich, man sieht es auch im Internet, hängt immer noch hinter der üppig mit Kissen bedeckten hochgerichteten Couch (die mich eher an ein Sofa erinnert). Später hat sich Wilder in seinen Filmen für den Rausschmiss gerächt und lauter meschuggene Psychiater auftreten lassen. In Gestalt Klaus Kinskis zum Beispiel!

Und Hempels Sofa? Es ist zunächst keine Couch, sondern ein Sofa. Die »Couch« ist, laut Definition, die »Bezeichnung für eine im 20. Jahrhundert aufgekommene Form des Liegesofas«. Und das Sofa war ursprünglich in der Türkei kein richtiges Sofa, sondern »eine mit Teppichen und Polstern belegte Estrade oder sonstige zum Sitzen bestimmte Erhöhung des Fußbodens«. Sofa hieß auch das »Vorzimmer oder Wartezimmer«, wo »auf beiden Seiten solche Erhöhungen sich befinden«.

Erst als das Sofa nach Europa kam, wurde es zum Sofa. Und auf einmal konnte es dort aussehen wie bei Hempels unterm Sofa. Neben dem Sofa gibt es noch die Ottomane, die Chaiselongue und den Diwan. Alle sind sie mit Stoff überzogen oder mit Leder bezogen, wobei die Ottomanen zwei zylindrische Sofarollen haben. Eine Art Bettwürste.

Wie sieht es nun bei Hempels hinterm Sofa (andere sagen: unterm Sofa) aus? Niemand weiß es genau, aber jedenfalls muss es dort ziemlich furchtbar aussehen, denn immer, wenn einem jemand sagt, Mensch, bei dir sieht es aus wie bei Hempels unterm (respektive hinterm) Sofa, erschrickt der so Angesprochene und Verglichene. Wirklich so schlimm?, fragt er sich zusammenzuckend, obwohl er doch nicht weiß, wie sehr oder wie wenig schlimm es bei Hempels aussieht.

Wahrscheinlich hat sich da viel angesammelt unter Hempels Sofa: Dreck, Gerümpel, Unordnung. Spuren vergangener Unarten und Sachen, die nur das Sofa gesehen und erlebt hat. »Man soll nicht alles hervorkehren!«, sagt man, wenn man auch nur einen Teil der Sachen sieht, die bei Hempels hinterm Sofa liegen könnten. Schrecklich.

Aber da sind wir in Wahrheit schon wieder auf Freuds Couch, wo es aus den Patienten herausquillt wie aus einem geplatzten Sofa.

»Und der Mensch versuche die Götter nicht«, dichtet Schiller. »Und begehre nie und nimmer zu schauen, was sie gnädig bedecken mit Nacht und Grauen.« Das ist aus dem »Taucher«. Der offensichtlich als Erster einen genauen Blick hinter oder unter Hempels Sofa geworfen hatte. Und darüber ziemlich erschrocken war. Freud dagegen war unerschrocken und hörte sich acht Stunden täglich den Seelenmüll seiner Patienten an.

Boxer und Boxer

Am 17. Juni 2003 starb der Europameister Hein ten Hoff im Alter von 83 Jahren; die wenigsten werden sich noch an ihn erinnern, denn seine Ring-Karriere als Boxer war 1955 zu Ende, als er gegen den späteren Weltmeister aller Klassen, gegen den Schweden Ingmar Johansson, in der ersten Runde durch K. o. unterlag. Ten Hoff war, obwohl in den Niederlanden geboren, so etwas wie ein Ur-Hamburger. Und anders als andere Boxer hatte er nach dem Ende seiner Sportkarriere seine Börse nicht im Rotlichtmilieu von St. Pauli oder St. Georg verzockt und verjubelt, sondern geschickt in ein Restaurant und eine Großküche angelegt.

Dass er Hamburger und Gastronom war, verband mich – wenn auch nur indirekt – mit ihm. Wir wohnten beide Ende der sechziger und Anfang der siebziger Jahre nahe beieinander im Nordosten Hamburgs, in den Walddörfern. Ich in Wellingsbüttel in einem Einfamilienhaus. Sein großes, in der Nacht hell glitzerndes China-Restaurant sah man in Sasel, wenn man die Saseler Chaussee entlangfuhr. »Schaut mal«, sagte ich beim Autofahren meinen Kindern, wenn wir von der Ostsee kamen und an seinem China-Lokal vorbeifuhren. »Schaut mal, das Restaurant da gehört Hein ten Hoff, dem berühmten Boxer.« Meine zwei Söhne waren damals zehn und zwei Jahre alt. Ach ja, und wir hatten damals einen jungen Boxer, eine Hündin, die Imme vom Immenhof hieß. Eigentlich hieß sie nicht (mehr) Imme, da sie aus einem späteren Wurf war. Die »richtige« Imme war uns eines Nachts, als sie auf die Wellingsbütteler Landstraße ausbüxte, überfahren worden. Wir hatten schnell und heimlich am nächsten Morgen im Immenhof eine neue Boxerhündin erworben und unsere Kinder über den Verlust hinwegbetrogen, in dem wir sie »Imme« riefen.

Mein liebster Kollege bei der »Zeit« war damals Dieter E. Zimmer, auch er hatte kleine Kinder, zwei Töchter, und ab und zu besuchte er uns in Wellingsbüttel. Einmal, bei der Wegfahrt, fuhr er mit seinen Töchtern an Hein ten Hoffs Restaurant vorbei und sagte: »Guckt mal! Das Restaurant gehört einem Boxer!« Und eine seiner Töchter, ich glaube, es war Mimi, fragte erstaunt: »Wieso besitzt Karaseks Imme ein Lokal?« Mimi war vielleicht vier Jahre alt damals, und Dieter E. Zimmer hat mir die Geschichte, Marke »Kindermund«, erzählt.

Mich erinnerte sie ein bisschen an die herrlich naive und tiefsinnige Geschichte von Johann Peter Hebel, die der große alemannische Bauern-Chronist in seinen Kalendergeschichten erzählt. Da kommt ein deutscher Bauer nach Amsterdam. Und als er durch die Stadt geht und sich die prächtigen Gebäude, Grachten und Straßen ansieht, fällt ihm ein besonders herrschaftliches Haus mit einem riesigen Garten auf, und er fragt einen Holländer, wem wohl dieses prächtige Haus gehöre. »Kannitverstan«, sagt der Holländer, der kein Deutsch versteht, aber der deutsche Besucher meint, Kannitverstan sei der Name des Hausbesitzers.

Als er ein besonders großes, reich ausgestattetes Schiff im Hafen sieht, fragt er wieder, wem das wohl gehöre, und er hört wieder »Kannitverstan!«. Und so geht es weiter, und der deutsche Tourist denkt jedesmal: der glückliche, der reiche Herr Kannitverstan! Aber schließlich sieht er einen aufwendigen Leichenzug. Und als er fragt, wer denn hier mit so viel Pomp und Pracht beerdigt werde, erhält er wieder die Antwort »Kannitverstan!«. Der gute Mann aus Deutschland denkt: Der arme Herr Kannitverstan! Und was ihm jetzt, da er tot sei, wohl all seine Häuser, Schiffe und Reichtümer noch nützten.

Mir ist die Geschichte von Herrn Kannitverstan beim Tod von Hein ten Hoff, als ich den Nachruf auf ihn las, noch aus einem anderen Grund als wegen des Restaurants, das angeblich meinem Boxerhund gehörte, eingefallen.

Nein, nicht etwa nur, weil Hein ten Hoff ja eigentlich aus den Niederlanden stammte, als Bauernsohn aus dem Kannitverstan-Land, sondern weil ich in den Nachrufen auf den Schwergewichtsboxer las, wie schwer und von Krankheit gezeichnet die letzten Jahre Hein ten Hoffs waren. Und irgendwie hing das, wie beim imaginären Herrn Kannitverstan, mit dem Wohlstand zusammen, den ten Hoff im Ruhestand genießen wollte.

Zwar hatte Hein ten Hoff am Ende die schreckliche parkinsonsche Krankheit, die Boxer (siehe Muhammad Ali) besonders häufig tückisch heimsucht. Aber seine lange Leidenszeit begann mit einem Unfall. Bis dahin war es ihm prächtig gegangen. Eines Tages, 1992, war er kurz vor der Garage aus seinem Mercedes gestiegen und hatte wohl vergessen, die Handbremse anzuziehen. Jedenfalls rollte das Auto langsam die Zufahrt zur Garage des Einfamilienhauses in Sasel herab. ten Hoff sah das und stürzte auf sein allein rollendes Auto zu. Er wollte versuchen, den sich anbahnenden drohenden Blechschaden zu verhindern, indem er sich, mit dem Rücken zur Garage, gegen die Kühlerhaube seines Mercedes stemmte; er war ja ein Hüne.

Jedoch stürzte er bei diesem Versuch rücklings und fiel gegen die Kante einer Granitplatte. Bei diesem dummen Unfall wurden vier Rippen von seinem Rückgrat losgerissen, Nerven an diesem empfindlichsten Strang beschädigt. Von da an begann die Leidenszeit des Boxers, der ständig unter Schmerzen litt und an Krücken gehen musste.

Wenn das keine Kalendergeschichte ist, dass jemand ein Leiden auf sich zieht, um eine Blechdelle in seinem Auto zu verhindern! Und dass einem das vorher niemand sagt! Weder die Alternativen noch die Konsequenzen.

Satt und sitt – oder wie heißt das Wort, wenn man nicht mehr durstig ist?

Zugeben muss ich, dass ich mich über das Wort geärgert habe, weil ich es für so blödsinnig hielt, dass ich es, als Jury-Mitglied, in der 5-Millionen-SKL-Show auf RTL gar nicht geraten habe und eine Frau um die Chance brachte, die Kleinigkeit von fünf Millionen Euro zu gewinnen, aber so hat's eine andere gewonnen, und das war auch wieder gut so.

Also: Gefragt war, was der Duden 1999 als neue Wortschöpfung für das Gegenteil von »durstig« angeboten habe? Also »sitt« (a), »darstig« (b) und »gelöscht« (c). »Darstig« überlegte ich, so blöd kann doch keiner sein. Und dann dachte ich: »Sitt«, das ist fast genauso idiotisch, wer soll sich denn so was ausdenken? Also wählte ich (c), »gelöscht« und dachte natürlich das Wort »Durst« mit, Durst gelöscht. Und irgendwie fiel mir unpassenderweise die Redensart ein: »Durst ist schlimmer als Heimweh.« Und schon war meine Antwort falsch und die Kandidatin um eventuelle fünf Millionen ärmer. So schnell kann das gehen.

Inzwischen habe ich mich wieder erinnert und im Internet kundig gemacht. Tatsächlich hat die Duden-Redaktion zusammen mit der Firma »Liptons Ice-Tea« (Achtung! Schleichwerbung!) gefragt: Wenn jemand keinen Hunger hat, ist er satt. Wie aber nennt man das, wenn jemand keinen Durst hat? Und das Gewinnwort hieß »sitt«, es, i, te, te – sitt. Tatsächlich! Angeblich kommt es aus dem Lateinischen, nämlich »sitim sedare« (auf Deutsch: den Durst löschen). Und das mag ja sein, aber blöd ist es trotzdem, und deshalb sagt auch seit 1999 kein Mensch »sitt«, wenn er keinen Durst mehr hat, selbst wenn die Duden-Redaktion zur Begründung anführte, dass sich »sitt« so schön steigern ließe: Sitt, sitter, am sittesten. Und dass es eine schöne Entsprechung zu »satt« sei. Aber satt, satter, am sattesten sagt auch niemand, entweder ist man satt oder nicht, und steigern tut das keiner, er mag noch so verfressen oder überfressen sein.

Die Deutsche Akademie für Sprache und Dichtung hatte diesen Unsinn begonnen, indem sie gefragt hatte: Hungrig-und-satt und durstig-und??? »Gestillt« hatte ich gedacht; das Baby, das genug getrunken hat – allerdings Muttermilch aus der Brust –, ist gestillt. Die herrlichen Goethe-Zeilen fielen mir ein: »Der du von dem Himmel bist / Alles Leid und Schmerzen stillest«. »Wanderers Nachtlied« heißt das Gedicht – was man alles stillen kann, kann man damit beruhigen, damit es weder Hunger noch Durst hat, still wird, still und glücklich.

Überhaupt existiert das Bedürfnis, das Gegenteil von »durstig« zu benennen, überhaupt nicht, denn wer trinkt schon so viel Wasser, mit oder ohne Kohlensäure, bis er sitt ist? Keine Sau! Und erst recht kein Mensch. Haben Sie je jemanden getroffen, der sitt gewesen wäre? Na also! Obwohl jemand den schönen Witz von der Baby-Sitterin gemacht hat, die die Kinder stillt, wenn schon nicht mit der Brust, dann aus der Flasche.

Das Gegenteil von »durstig« gibt es doch nur, seien wir ehrlich, in Bezug auf Alkohol. Wenn wir genug oder zu viel getrunken haben, dann sind wir »voll«, »hackevoll«, »besoffen«, »beschickert«, »breit«, »duun«, »vollfett«, »strunz«, »hacke«, »abgefüllt«, »Kaffa«, »Kaffo«, »plizzo«, »lesch«, »beta-runken« usw. usf. Niemals aber heißt das, dass unser Durst gelöscht ist, sondern immer, dass wir einen über den Durst getrunken haben: Dulihöh! sagt man in Österreich. Und Prosit! (mit einem t!). Und: »Wohl bekomm's«. Und: »Machen Sie mir die Luft aus dem Glas!« Und: »Auf einem Bein kann man nicht stehen!« Und: »So jung kommen wir nicht mehr zusammen.« Bis zum sitt nicht mehr!

Wenn man erst einmal so weit gedacht hat, fällt einem auch ein, dass es in allen anderen Sprachen, die ich kenne (also: im Englischen), nicht nur kein Wort für »sitt« gibt, sondern auch keines für »satt«. »Stuffed« sagt der Ami, hat man mir erklärt, und das heißt eher »voll« als »satt«.

Aber wie kann das stimmen, dass es »satt« im Englischen nicht gibt, wenn doch George W. Bushs Lieblingsbuch noch auf dem College »Die kleine Raupe Nimmersatt« war, das Buch von Eric Carle, ein dünnes Buch mit dicken Seiten, durch die sich die gefräßige Raupe auch noch kreisrunde Löcher gefressen hat.

Nimmersatt? Wie heißt das auf Englisch? Never fed up? Never stuffed? Never set up? Oder im Lübke-Englisch: Never want to be hungry? Hilft uns der Vielfraß weiter, der »glutton« heißt? Nein, es ist alles wieder viel einfacher und ganz anders! Also: Die Raupe Nimmersatt heißt natürlich Caterpillar im Englischen wie alle Raupen, aber sie ist gar nicht »nimmersatt«, sondern »very hungry«, also sehr hungrig, und der ganze Titel von George W. Bushs Lieblingsbuch lautet: »The Very Hungry Caterpillar Boardbook«. Also: Das Bordbuch oder Logbuch eines Immerhungrigen.

Hilft uns also auch nicht weiter, aber in Wahrheit war das Nimmersattsein nicht das Problem des jungen Noch-nicht-Präsidenten und Präsidentensohns George W. Sein Problem hing eher mit »sitt« zusammen, mit »Whiskey satt«, das heißt, er war eigentlich immer durstig, wenn auch, wie sein Lieblingsbuch beweist, nicht wissensdurstig. »Thirsty for knowlegde«, wie der Angelsachse sagt.

Aber dann hat er sich gewandelt, vom Saulus zum Paulus, von »durstig« zu »trocken«, von »sitt« zu »sittlich«. Er hatte nie mehr einen im Tee, sondern hat nur noch Tee getrunken, vielleicht sogar »Liptons Ice-Tea«, der den Wettbewerb ausgeschrieben hat – und so wäre eine Antwort darauf, was das Gegenteil von »durstig« sei, vielleicht: wieder ausgenüchtert, sauber. Mit einem Wort: trocken.

Wie sagt der herrliche Zecher in Wilders erstem Spielfilm »The Major and the Minor« so schön zu der jungen Dame, die als Shampoo-Vertreterin pitschnass aus dem Regen in seine gute Stube tritt: »Nun aber raus aus den nassen Sachen und rein in einen trockenen Martini.«

Brathendl und Goldbroiler

Kürzlich, hungrig in Rostock, fragte ich Einheimische, wo ich denn gut essen könne. »Wenn Sie Lust auf Broiler haben, die besten gibt es bei ...« Ich hatte keine Lust, aber da war es wieder, das Wort, das mich, den Frager, von den Befragten trennte, up ewig ungedeelt in Ost und West, in Brathendl und Broiler.

»Der beste Broiler«, das ist so ein Spruch, der zeigt, dass Sprache aus Erinnerung und Sentimentalität besteht. Wir lernen sprechen, wenn wir gerade lernen, was uns schmeckt. Als wir klein waren oder auch nur jung, als uns der Broiler oder gar der Goldbroiler wie die größte Köstlichkeit vorkam. Und wir werden ihn später nicht anders nennen, bloß weil sich die Verhältnisse geändert haben. Die Sprache und die sprachliche Erinnerung ist stärker als das bisschen Wiedervereinigung, und kein Bayer wird Boulette oder Klops sagen, bloß weil die Bayern 1870/71 zum Deutschen Kaiserreich gekommen sind und die Preußen, damals auch »Saupreußen« genannt, das Fleischpflanzerl Boulette nannten. Also Broiler.

Eine Zeit lang, nach der Wiedervereinigung, war der Broiler auch in den neuen Bundesländern verpönt, man schämte sich, wenn man sich durch das Wort Broiler als »Ossi« outete. Das klang ja fast so schlimm wie »Sättigungsbeilage«. »Halbes Hähnchen« hatte das zu heißen, auch wenn das Fett in Ost und West gleich schwarz und tranig in die Pfanne tropfte, während sich das Hähnchen in heißen Pirouetten am Spieß drehte. Halbes Hähnchen, nicht zu verwechseln mit dem »Halve Hahn« in Köln, der überhaupt kein Hähnchen ist, sondern ein Käsebrötchen – aber so ist das mit den deutschen Ess- und Trinksitten, und mach einem Ausländer mal in Köln und Düsseldorf den Unterschied zwischen »Kölsch« und »Alt« klar. Für den ist doch Bier gleich Bier, ob ober- oder untergärig. Doch zurück zum Broiler.

Als ich noch nicht wusste, was das ist, ein Broiler, also sagen wir vor 1989, habe ich das mit dem Boiler verwechselt und habe später gelernt, dass auch die Ossis ihre Grillhähnchen »amerikanisch« benannten, von »to broil«, und dass das Wort zuerst in Bremen aufkam, wo es sich aber nicht durchsetzte.

Dass man jetzt wieder, von Rostock bis Chemnitz, »Broiler« sagt, dieses sprachliche Phänomen heißt »Osttrotz«, jawohl »Osttrotz!«, und bedeutet: Wir lassen uns doch unsere Vergangenheit nicht wegnehmen! Wo kommen wir denn da hin! Sprache ist der feinste Seismograph für psychische Befindlichkeiten.

Und so feiert man »Jugendweihe« und fährt auf seine »Datsche« und weiß, wo es den besten Broiler in Rostock gibt. Wäre ja noch schöner! Die Sprache ist der Hort der Nostalgie und also auch der Ostalgie: »Good bye, Lenin!« und willkommen »Spreewald-Gurken«.

Dennoch, man darf sich nicht täuschen lassen, auch nicht durch nostalgische Sentimentalitäten: Der »Broiler« ist wie auch sein westdeutscher Bruder, der im Süden »Brathendl« hieß, bevor er zum »halben Hähnchen« mutierte, also »Broiler« wie »Hähnchen« sind Kinder des nahrungsindustriellen Zeitalters, Produkte der Fastfood-Industrie. Und haben beide in den USA ein großes Pendant: die Imbiss-Kette »Kentucky Fried Chicken«, die um drei Jahre älter ist als der Wienerwald.

Ich mit meiner vorwiegend süddeutschen Sozialisation habe den »Broiler« als Brathendl in einer Brathendl-Station namens »Wienerwald« Anfang der sechziger Jahre entdeckt. Da stand sie, folkloristisch getarnt und bajuwarisch gewappnet, in deutschen Innenstädten. Mitten in der deutschen Fresswelle des deutschen Wirtschaftswunders. Davor gingen wir »Zum Jugoslawen« und aßen »Tschiwabtschitschi« oder »Rasnitschi« oder »Djuwetsch«, und alles waren irgendwelche Fleischwürste oder Fleischspieße mit vielen Zwiebeln, viel Paprika oder eben Reis. Und anschließend stank man nach Knoblauch.

Doch dann auf einmal »Wienerwald«, mit dem unvergesslichen Slogan: »Heute bleibt die Küche kalt, wir gehen in den Wienerwald«. Mit der krachledernen spießigen Folklore-Variante: »Heute bleibt die Mutti kalt!« Ham wir gelacht! Wienerwald, das waren Bedienungen im Dirndl, die sich ihren Busen hochdrückten, als wäre man auf dem Oktoberfest. Das waren Bauernmöbel aus Plastik; österreich-bayerisches Fuffziger-Jahre-Barock, das war Bier und ein verdächtig süffiger Weißwein, Glück für die ganze Familie, mit Erfrischungstüchern, mit denen man sich das Bratfett aus Mundwinkeln und von den Fingern wischen konnte. Die Back- und Brathendl schmeckten, als würde ihr Verzehr ständig von Zither-Musik begleitet.

»Geflügel-Jahn« hieß der Gründer und Wirtschaftswunder-Kapitän, der es als »Hendl-Zar« und »Chicken-King« vom Oberkellner im »Bayerischen Hof« zum Besitzer einer Restaurant-Kette gebracht hatte. Rasant! 1962 eröffnete er in Berlin schon sein 100. Restaurant. Und alles mit austro-bajuwarischer Folklore. Friedrich Jahn, der Wienerwald-Jahn, ein Spezi und Freund des bayerischen Ministerpräsidenten Franz Josef Strauß. Und die Republik bajuwarisch. München, Deutschlands heimliche Hauptstadt, das Backhendl, Deutschlands heimlicher Adler. Der Gummi-Adler.

1971 im März fuhr Franz Josef Strauß nach New York, um einen Triumph seines Münchner Freundes und »Spezis« Jahn zu feiern. Die Eröffnung einer »Wienerwald«-Station an einem der prominentesten Orte in den USA, am Broadway in New York: »Kentucky Fried Chicken« in den USA besiegt, Deutschland über alles, zumindest, was sein Wappentier, den Gummi-Adler, anlangte.

Ach, es wurde ein Pyrrhussieg. Franz Josef Strauß geriet mit drei New Yorker Prostituierten aneinander, als er nach der »Wienerwald«-Premiere einen Spaziergang nahe dem Hotel »Plaza«, also am Central Park, veranstaltete und dabei auf wundersame Weise seines Passes und seines Geldbeutels beraubt wurde. Ein typischer Hähnchenkonflikt, eine Broiler-Situation. Strauß wollte Hahn im Korb sein, aber mancher kann als Adler starten und als Suppenhuhn landen, oder, da ich dieses Nannen-Bild schon verbraucht habe: Mancher startet als Tiger und landet als Bettvorleger. Dieser abschüssige Verleich stammt aber eher aus der unendlichen Welt der Liebe, wo der Liebende anfangs mit heißem Tigeratem und Adlermut flüstert: Gib mir wilde Tiernamen, nenn mich Puma. Um dann auf Adidas-Sohlen davonzuschleichen! Doch zurück zum Hendl.

Eben ist das Rest-Imperium des verstorbenen Hendl-Zaren, der seine Pleite machte, ohne sein Geld durch Überschreibungen auf seine Frau zu retten, wieder in beträchtlichen Turbulenzen. Wegen der Hühnerpest, heißt es. Aber der Broiler lebt, hoch lebe der Goldbroiler! Zumindest sprachlich.

Fisch und Fahrrad

Kein anderer Vergleich hätte um ein Haar mein Leben so verändert wie der Graffito, der zum Mantra des Feminismus erhoben wurde: »Eine Frau ohne Mann ist wie ein Fisch ohne Fahrrad«. Der für uns Männer brüske Vergleich geht auf Gloria Steinem zurück, die Mitbegründerin der modernen Frauenbewegung und Herausgeberin der Zeitschrift »MS«. Wollte man Gloria Steinem vergleichen, könnte man für uns Deutsche sagen, dass sie die amerikanische Alice Schwarzer ist, etwas früher dran als ihre deutsche Kollegin. Und dass »MS« so etwas ist wie die US-Version der Zeitschrift »Emma«.

»MS«, weil man auch im Englischen auf einmal nicht mehr zwischen »Frau« und »Fräulein«, also »Mrs.« und »Miss«, unterscheiden wollte. Ob »ledig«, ob »verheiratet«, das sollte wurscht sein, man – oder man (frau), wie es damals bis zum Erbrechen politisch korrekt gedruckt wurde – sage ja auch nicht »Herrlein« für einen Junggesellen. Richtig! Man sagte früher »Hagestolz«, aber das ist lang her wie der Streit um »Frau« und »Fräulein«. Und das ist auch gut so.

Was Gloria Steinem in den bewegten 68ern mit dem Vergleich zwischen »Fisch« und »Fahrrad« sagen wollte, hat man bis dato mit der bayerischen Redensart ausgedrückt: »Überflüssig wie ein Kropf«. Der so genannte »kleine Unterschied« war auf einmal überflüssig wie ein Kropf. Wir Männer waren es, die diesen Kropf hatten, wer weiß wo.

Wenn ich trotzdem sage, dass dieser Sinnspruch mein Leben nur »fast« verändert hat, dann, weil nicht alle Frauen an die Fisch-Fahrrad-Relation blind glaubten. Manche liebten sogar ihr Aquarium.

Ach ja, die wilden 68er. Revolution, Emanzipation, Graffiti allerorten. Zuerst der Spruch: »Wer zwei Mal mit derselben pennt, gehört schon zum Establishment«. Das war noch einzusehen. Aber dann kam das Steinem-Ding mit dem Fisch und dem Fahrrad. Frauen, die danach dennoch mit mir sprachen – an der Frauen-Buchhandlung war ein durchgestrichener Kerl aufgemalt, breitbeinig wie das Piktogramm auf der Tür der Herrentoilette, und dabei stand: »Wir müssen draußen bleiben!« »Wir«! Das waren die Fische. Respektive die Fahrräder. Auf jeden Fall die Männer. Also: Frauen, die dennoch mit mir sprachen, erzählten mir (geheimnisvolle andere Welt!), dass auf jeder Damentoilette der Spruch stehe: »Eine Frau ohne Mann … usw.« Eben »Fisch ohne Fahrrad«.

Im »Graffiti-Zeitalter« stand auf Herrentoiletten: »Tritt näher! Er ist kürzer, als du denkst!« Auch nicht tröstlicher. Damals wollte man uns zu Sitzpinklern ummodellieren, sogar auf der Herrentoilette. Oder es stand: »Che Guevara lebt!«

Der Vergleich von Fisch und Fahrrad war gemein und turnte unheimlich ab. Konnte man vorher zu einer Frau sagen, dass die Beziehung zwischen den Geschlechtern »im Grunde genommen« ein »Geben und Nehmen« sei – »da ut des« sagen die Diplomaten, und die Christen sagen sogar – na also! –, dass Geben seliger als Nehmen ist –, so sah einen die Frau auf einmal mitleidig an und sagte, dass sie mich brauche wie ein Fisch ein Fahrrad. Und in der anschließenden Aussprache (»Du, das müssen wir ausdiskutieren«) zog man den

Kürzeren, wenn man sich in Erörterungen darüber verlor, wer denn nun der Fisch und wer das Fahrrad sei. Und ob es denn wirklich und unter allen Umständen erwiesen sei, dass ein Fisch kein Fahrrad brauche.

Ach Gott, solche Aussprachen waren nicht Fisch und nicht Fleisch. Und inzwischen sind viele Fische den Bach runter, und zwar ganz ohne Fahrrad. Und Gloria Steinem ist im Jahre 2000 unter die Bizikletisten, die Radfahrer, gegangen und hat den erfolgreichen Unternehmer David Bale geheiratet. Mit 66 Jahren. Tucholsky hat bekanntlich über den Menschen gedichtet: »Wenn der Mensch fühlt, dass er hinten nicht mehr hoch kann ... das nennt man innere Einkehr«. Passt das? Das passt.

Und längst heißen die Fische ohne Fahrrad und Fahrräder ohne Fische: Singles. Ob Fisch oder Fahrrad, ob Mann oder Frau: Singles. Und für diese Singles gibt es Reisen und Chats und Rubriken und Anzeigen. Und Dosensuppen. Zum Beispiel »1 Teller« von Maggi.

Kriegt ein Single Besuch, zum Beispiel am Abend, dann legt er zu dem »1 Teller«, den er aufgewärmt hat, zwei (in Zahlen: 2) Löffel. Und dann ist zwar Schmalhans Küchenmeister, aber geteilte Freude ist doppelte Freude.

Und in Berlin gibt es die Feten, auf denen sich Singles mit anderen Singles treffen, so genannte Kuppeltreffen. Und die heißen: »Fisch sucht Fahrrad«. Diese Partys, die das Magazin »Tip« organisiert, gibt es schon seit zehn Jahren, das heißt: Seit so langer Zeit suchen Fische verzweifelt ihre passenden Fahrräder, 5-Gang-Räder ohne Rücktritt.

Die Männer geben es ja wenigstens offen zu, denn von Nestroy stammt der Seufzer: »Die Frauen haben's gut! Sie rauchen nicht! Sie trinken nicht. Und Frauen sind sie selber.« Das mit dem Rauchen und Trinken sei mal dahingestellt, aber Fahrräder können auch ohne Fische fahren, unbedingt. Das Fahrrad für zwei Fische heißt übrigens Tandem.

In einer Zeit, als man sich das heterogeschlechtliche Zusammenleben nur per Heirat vorstellen wollte und konnte, hat der dänische Philosoph Sören Kierkegaard, eine melancholisch schwarze Seele, geschrieben: »Heirate, und du wirst es bereuen! Heirate nicht, und du wirst's bereuen! Also heirate oder heirate nicht, und du wirst beides bereuen!« Deshalb gibt es so viele Fische in der Fußgänger-Zone.

Ich aber möchte meinen erhellenden Vergleich zwischen Fisch und Fahrrad (ein Fisch hat Flossen, ein Fahrrad Pedale, und kein Fisch hat eine Klingel) mit dem berühmten Gedicht von Christian Morgenstern beschließen. Es heißt: »Fisches Nachtgesang« und geht so:

–
U U
– –
U U U U
– –
U U U U
– –
U U U U
– –
U U U U
– –
U U
–

Die zweite Strophe ist wahrscheinlich so wie die erste. »Fahrrads Morgenlied« ist uns nicht überliefert.

Italien und Hannover

Hier wollen wir, aus fast nicht gegebenem Anlass, die Feriengebiete Hannover und Italien vergleichen, obwohl das eigentlich nicht geht, denn Hannover ist eine Stadt, und Italien zerfällt in einen malerischen reichen Norden und in einen fast noch malerischeren (kann man malerisch steigern?) armen Süden. In Deutschland, zu dem Hannover gerechnet wird, ist das, sieht man vom Osten mal kurz ab, umgekehrt: Hier ist der Süden reich, und der Norden – Schwamm drüber.

Ob Hannover malerisch ist, darüber lässt sich trefflich streiten, aber wenn man kurz vor den Wahlen Homestorys aus dem Hause Schröder gezeigt bekommt, dann sieht man einen malerischen grünen Garten, in dem die Hausfrau Blume für Blume pflegt, während der Hausherr mit der Heckenschere zugange ist.

Italien ist das Land, von dem schon Goethe wusste, dass da die Zitronen blühn. Während der das Land der Griechen »mit der Seele suchte«, sagte er bei Italien: »Dahin! Dahin möchte ich mit dir, o mein Geliebter, ziehn!«

Wer in Hannover Urlaub macht, hat dagegen, wie böse Zungen sagen, mit Zitronen gehandelt.

Goethe soll in Italien zum ersten Mal mit einer Frau geschlafen haben.

Alles vorher, Friederike, Charlotte, Lilli und wie sie alle

hießen, ja sogar Frau von Stein, das war alles platonisch, man könnte fast sagen hannoveranisch, obwohl in Hannover sozusagen das englische Königshaus teilweise gezeugt wurde.

Goethe fingerte in Italien auf einem nackten Frauenrücken erotische Hexameter. Schröder brütet in Hannover über einer Steuersenkung, die von den Enthusiasten in seiner Partei (von Scholz zum Beispiel, der seinem Boss sogar in der Italien-Verweigerung folgt, aber das ist in Barmbek leicht) mit den Reformen Hardenbergs verglichen wird, der aus dem Hannoverschen stammt und von dem Schröder sagte, dass er »auch« (auch!!) ein Lebemann war und des Öfteren verheiratet.

In Hannover kann man beim Italiener essen, gleich um die Ecke, wo die Schröders ihren Garten pflegen, liegt einer, und da gibt es den Barolo, auf den Schröder nichts kommen lässt, da können noch so viele Berlusconis Mist reden und Schulz (nein, nicht Scholz) in einem italienischen KZ-Film besetzen wollen. Nein, der Barolo wird nicht boykottiert und auch nicht die Spaghetti Carbonara, nach Art des Köhlers, wie gut, dass es in Hannover Italiener gibt.

In Italien kann man dagegen nicht beim Hannoveraner essen, obwohl ich im schönen Venedig, noch dazu in der Nähe des Rialto (in Italien ist das kein Kino, sondern eine Brücke) ein großes handgemachtes Schild gesehen habe, auf dem stand als Speiseangebot eines Restaurants: »Wurstel (ohne ü) mit Senape«. Mit Senape – das heißt Senf, und wahrscheinlich servieren sie dort auch Sauerkraut, pfui Teufel, da schüttelt sich der italienische Touristik-Staatssekretär Stefano vor Ekel.

Nein, beim Hannoveraner kann man in Italien nicht essen, Hannoveraner sind in Italien bestenfalls Pferde (wie in Wien Lipizzaner), und Pferde tun die Italiener bekanntlich in die Salami. Oder sind es Esel?

Da schüttelt sich Scholz vor Ekel und fährt vielleicht deshalb und nicht aus vorauseilendem Gehorsam nicht nach Italien, man ist ja schließlich kein Kannibale.

Nächstes Jahr, so hat Schröder auf seine jovial begütigende Art gesagt, die seinen populistischen Anfällen ausgleichend folgt, nächstes Jahr fährt Schröder wieder nach Italien. Vielleicht! Wenn sich die Italiener am Riemen reißen und besser benehmen. Außerdem hat dann Berlusconi in Europa nicht mehr das Sagen und kann daher auch europäische SPD-Abgeordnete nicht mehr in italienischen KZ-Filmen besetzen.

Wenn Schröder dann wieder nach Italien fährt, dann kann er endlich vergleichen. Die Italiener in Italien mit dem Italiener in Hannover. Und den Barolo an Ort und Stelle, der schmeckt doch da ganz anders, in dem Ambiente und so. Auch kann er dann den Scholz wieder von der Leine lassen.

Die fließt bekanntlich durch Hannover, während die Italiener nur einen Po haben. Ach ja, und einen Arno. Im Übrigen liegt die Po-Ebene in der Lombardei, und das kommt von den Langobarden, die blond waren und es bis heute sind (siehe Botticelli und Tizians Rot) und die wahrscheinlich auch Sauerkraut und Wurstel mit Senape aßen. Anfangs jedenfalls. Bevor sie den Ungarn die Salami und den Chinesen (Marco Polo) die Spaghetti abgeguckt haben.

Schwedenplatte und Pommes frites

In den Kochbüchern, die ich befragt habe, kommt die so genannte Schwedenplatte nicht (mehr) vor. Im zehnbändigen Duden steht dagegen, die »Schwedenplatte« sei »eine als Vorspeise gereichte, bunt garnierte Platte, meist mit geräucherten und marinierten Spezialitäten von Meeresfrüchten«.

Die »Schwedenplatte« steht da neben dem »Schweden«, den Ältere von uns noch als »alter Schwede« kennen. »Alter Schwede!« sagte man, wie das Wörterbuch vermerkt, meist »scherzhaft drohend« zu einem Kumpel oder Freund. Das Lexikon vermutet, die Bezeichnung stamme aus der Zeit des preußischen Kurfürsten Friedrich Wilhelm I., weil der nach dem 30-jährigen Krieg altgediente schwedische Korporale im Land ließ.

Natürlich wissen wir historisch Verbildeten auch, woher der »Schwedentrunk« kommt. Das war Jauche, die die schwedischen Landsknechte im 30-jährigen Krieg den Bauern gewaltsam in den Hals schütteten, um herauszukriegen, wo sie Geld und Gold vor der plündernden Soldateska versteckt hatten. Bei Grimmelshausen, im »Simplicius Simplicissimus«, kommt eine andere kulinarische Folter vor: Da wurde gefesselten Bauern Salz auf die nackten Füße gestreut, das Ziegen ablecken durften; die Bauern mussten so lachen, dass sie alles verrieten. Zu viel Lachen ist eine Folter, die noch immer Menschen anwenden, die blöde Witze erzählen und erwarten, dass man auch noch lacht. Veraltet, jedenfalls sprachlich, sind auch die Schwedenhölzer und die schwedischen Gardinen. Beide verdanken ihren Namen schwedischen Schätzen: den Wäldern und den unermesslichen Eisenerzen.

Die Pommes frites, in heißem Öl frittierte Stifte von rohen Kartoffeln, haben eigentlich nix mit Schweden zu tun. Sie stammen aus Belgien, weshalb die Franzosen, die sie angeblich erfunden haben, die Belgier »Frittenfresser« schimpfen, natürlich auf Französisch. Die Belgier sind für die Franzosen das, was für die deutschen Witze nacheinander Ostfriesen, Schweizer und »Ösies« (Österreicher) waren. Die Fritten, die ursprünglich eine Sache der Feinschmeckerküche waren, sind längst zu McDonald's und zu Frittenbuden abgewandert, wo sie als »Pommes mit Majo« oder mit Ketchup die Sinne erfreuen. Das Fett, in dem sie schwimmen, kann alt und schwarz und ranzig sein. Der Liebe tut das keinen Abbruch.

In den USA heißen die Fritten »french fries«, bei uns nennen Witzbolde als Wirte ihre Kartoffelrestaurants »Pommes Fritz«, ha, ha, ha. Aber hier geht es um die »french fries« in den USA. Als die Franzosen Bush nicht in der UN beim Vorgehen gegen den Irak unterstützen wollten, waren die Amerikaner sauer und ließen es die Franzosen spüren. Sie tauften ihre »french fries« in »Freedom fries« um. Freiheitsfritten! Klingt ganz schön bescheuert. So sind sie, die Amis: so nachtragend, dass sie unschuldige Kartoffeln in Freiheitsstifte umschnitzen.

So kommen wir zum Vergleich, zur Schwedenplatte. 1954 wurde Deutschland, wurden »wir« Weltmeister, Fußballweltmeister. Das war das »Wunder von Bern«, und wir dachten, dass wir künftig, nach dem 3:2, das sechs Minuten vor

Schluss durch Rahn fiel, den Weltmeistertitel abonniert hätten. Denkste, alter Schwede! Am 24. Juni 1958 besiegten die Schweden bei der Weltmeisterschaft die Deutschen im Göteborger Ullevi-Stadion vor 50 000 schwedischen Zuschauern, die ihre Mannschaft mit »Heja! Heja!«-Rufen anfeuerten, mit 3:1.

Danach stand in der »Saarzeitung« (und Ähnliches in vielen deutschen Zeitungen): »Der instinktsichere kleine Mann hat aus den fanatischen Heja-Rufen des aufgepeitschten schwedischen Zuschauerplebs den Grundton abgrundtiefer Gehässigkeit herausgehört, wenn nicht den Grundton eines Hasses, der sich nicht nur gegen die deutschen Fußballer richtet, sondern gegen die Deutschen schlechthin ... Es ist der Hass eines mittelmäßigen Volkes, dem man das Schnapstrinken verbieten muss, weil es sonst zu einem Volk von maßlosen Säufern würde.« So war das damals, jawoll, alter Schwede! Nach der Niederlage wurden schwedischen Autos in Deutschland die Reifen zerschnitten. So völkerverbindend ist der Sport! Und um ihre patriotischen Gäste nicht zu verärgern, strichen deutsche Gastwirte kurzerhand die bis dato beliebte Schwedenplatte von der Speisekarte. Was hatten die Ungarn mit ihrem Gulasch für ein Glück, als sie Jahre zuvor artig verloren! Die Schwedenplatte hat sich davon, jedenfalls auf deutschen Speisekarten, nicht mehr erholt.

Hoffen wir für Amerika, dass die French Fries besser dran sind! Es gibt, im Übrigen, in Amerika, rein sprachlich gesehen, auch noch den French Kiss. Aber das ist eine andere Geschichte und hat mit der verschwundenen Schwedenplatte nix zu tun.

Frühling, Sommer, Herbst und Winter

Da wir einen Sommer hatten, unter dessen Rekord-Temperaturen wir stolz ächzend litten – obwohl ich misstrauisch bin gegen die Rekordsucht der Wetterstatistiker –, fällt mir ein, wie wunderbar es ist, in einer Welt mit Jahreszeiten zu leben: Auf einmal emailen uns Freunde aus den Tropen, wie schön es ist, sich in Singapur, Borneo oder am Orinoko vor der deutschen Hitzewelle zu erholen: »Diese Kühle!«

»Alle reden vom Wetter, nur wir nicht«, prahlte die Bundesbahn mit einem Slogan der 60er Jahre. Aber inzwischen haben wir die Mehdorn-Jahreszeiten im Schienenverkehr eingeführt, und da ist es egal, ob wir Stunden zu spät kommen, weil die Stromleitungen wegen Blitzeis eingefroren sind (Januar), oder ob sich die Schienen vor Hitze oder wegen der Ausreden der Bahnverantwortlichen verbiegen (Juli, August).

Da fällt mir ein schöner Kalauer ein, den man eigentlich nur während der Hundstage machen darf, wenn der Kopf vor Hitze so weich wird wie neulich die Autobahn zwischen Hamburg und Lübeck. Jetzt also der Kalauer: Kommt ein Mann in einen Plattenladen und sagt, er möchte die Hundemusik haben. Fragt der Verkäufer: »Welche Hundemusik?« Der Kunde: »Na, die Platte, wo es heißt, Hermann Prey singt Vivaldi!« Soll ich das erklären, mit dem Hund Waldi?

Nein! Wie schön und populär Vivaldis »Vier Jahreszeiten« sind … Und wie wir den Sommer lieben, wo die Streicher im wildesten Prestissimo das Gewitter nachmachen, die Wetterfront mit ihren Isobaren, die über Deutschland subtropische Gewitter niedergehen lässt.

Während ich noch denke, dass in München und Hamburg – wir sind ja bei Vergleichen – die unvergleichlichsten Hotels »Vier Jahreszeiten« heißen und in Berlin gar »Four Seasons«, fällt mir ein, wie ich deutsche Emigranten oder Filmschaffende beneidete, dass sie in Kalifornien den »ewigen Frühling« hätten: nach Frühnebel immer sonnig, eine leichte Brise und ständig um die 18 bis 20 Grad, Celsius, versteht sich. Und wie sie dann bei der Antwort seufzten, ach ja! Da hätte ich schon Recht, aber andererseits, wie schön es sei, Jahreszeiten zu haben, Frühling, Sommer, Herbst und Winter!

Der Frühling sei ja nur schön, wenn man sich im Winter auf ihn freuen könne. Und der Sommer nur, wenn man an seinem Ende mit Rilkes Herbstgedicht seufzen könne: »Herr: Es ist Zeit. Der Sommer war sehr groß. Leg deinen Schatten auf die Sonnenuhren, und auf den Fluren lass die Winde los.«

Immer Frühling sei auch langweilig. Weil: Der Mensch lebe vom Kontrast. Nur wem unter Handschuhen die Finger zu jucken und zu kribbeln anfangen vor Kälte im Januar, könne es auch in den Hundstagen genießen, wenn ihm der Schweiß den Rücken runterläuft und die Nachbarn bis zum Geht-nicht-mehr in T-Shirts und Shorts über die Straße laufen – und das bei der Figur!

Karl Valentin, der große spindeldürre Münchner Komiker, den die meisten vergessen haben (zu Unrecht), den Tucholsky einen »Linksdenker« genannt hat und dessen Sprache und Gestalt schräg in die Wirklichkeit ragte, bis sich die zurechtbog, Karl Valentin also hat die vier Jahreszeiten besungen. Von Liesl Karlstadt angesagt, tritt er bei einem Fest, offenbar einem Vereinsfest mit Honoratioren, als Korbinian Nasenlöchler auf, der ein »Lied für Bariton« mit obligater Klavierbegleitung singt. So lautet die erste, schauerlich gerollte, geknödelte Strophe:

»Wie herrlich ist's doch im Frrrühling!
Im Frrrühling, da ist's mir so wohl
Oh wäre es immer nur Frrrühling,
Im Frrrühling, da fühl ich mir wohl.
Der Frrrühling, der hat so was Eignes,
Der Frrrühling besitzet die Kraft
Oh bliebe es immer nur Frrrühling
Der Frrrühling gibt Mut uns und Kraft!«

(Beifall. Klavierbegleitung. Folgt die zweite Strophe:)

»Wie herrlich ist's doch im Sommerr!
Im Sommerr, da ist's mir so wohl.
Oh wäre es immer nur Sommerr,
Im Sommerr, da fühl ich mir wohl.
Derr Sommerr, der hat so was Eignes,
Derr Sommerr besitzet die Krrraft
Oh bliebe es immer nur Sommerr
Derrr Sommerrr gibt Mut uns und Kraft!«

(Schwächerer Beifall. Klavierüberleitung. Gesang.)

»Wie herrlich ist's doch im Herrrbst!
Im Herrrbst, da ist's mir so wohl.
Oh wäre es immer nur Herrrbst,

Im Herrrbst, da fühl ich mir wohl.
Der Herrrbst, der hat so was Eignes,
Der Herrrbst besitzet die Kraft
Oh bliebe es immer nur Herrrbst
Der Herrrbst gibt Mut uns und Kraft!«

(Ziemlich dünner Beifall. Trotzdem Klavierüberleitung. Und unverdrossener Gesang.)

»Wie herrlich ist's doch im Winterr ...!«

Weiter kommt der Sänger bei seinem Vortrag nicht. Mit Pfiffen, gellenden »Aufhören!«-Rufen bringen sie seine Darbietung der vier Jahreszeiten zu Ende. Auf einer Version der Hör-Aufnahme kommentiert Valentin darauf, als Künstler Korbinian Nasenlöchler in seiner Ehre tief gekränkt: »Und gerade der Winter wäre so interessant gewesen!« Wir, die wir wissen, wie es weitergehen sollte, nicken zustimmend: »Derrr Winterrr gibt Mut uns und Krrraft!«

Vor allem nach so einem Sommer!

Sardonisches Grinsen und Generationenkonflikt

Gott, habe ich mich über den älteren Herrn geärgert, neulich beim Bäcker! Wie er umständlich in Taschen und Portemonnaie nach den Cents fingerte: »Ich glaube, ich habe es passend! Ach nein, das is 'n Sechser, ich meine ein Fünfer! Schrecklich, das neue Geld!« Wie er altbacken mit der Verkäuferin zu flirten versuchte! Und wie er etwas vergessen hatte und verlegen lachend sagte: »Wo hab ich wieder meine Gedanken!« Und fast hätte er gesagt: »Was man nicht im Kopf hat, das muss man in den Beinen haben, ha, ha!« Aber dann merkte er rechtzeitig, dass das nicht passte, weil er überhaupt noch nicht aus dem Laden gegangen war, als er merkte, dass er was vergessen hatte, er brauchte sich bloß einmal umzudrehen.

Diese älteren Leute, wollte ich denken, aber dann merkte ich, dass ich das war, über den ich mich geärgert hatte und den der Jüngere in mir (Junggeblieben will ich nicht sagen) als Älteren in sich beiseite schubsen wollte: Nun mach mal, Alter! Sonst ist bald Weihnachten!

So ist das mit dem Altwerden, dem Älter-Werden, immer guckt ein Jüngerer zu: dem alten Ego ein Alter Ego! Im Spiegel beim Rasieren schau ich mich an, während ich mir das grüne Gel auf der Backe zu weißem Schaum verreibe und denke: wie mein Vater! Nur, dass der einen Rasierpinsel hatte, Dachshaar, sagte er stolz.

Dann sehe ich ihn, wir ähneln uns schon verdammt sehr, und ich denke, so war er, als er zehn Jahre jünger war, als ich es jetzt bin, und dass er damals zehn Jahre älter ausgesehen habe als ich jetzt, denke ich, und ein bisschen traurig schadenfroh denke ich: Das kommt davon, dass er Sport getrieben hat, immer – und nie was getrunken. Wie hat er immer gesagt: »Mein Vater (also sein Vater, mein Großvater) hat gesagt, ein Vater kann vier Söhne ernähren, aber vier Söhne können keinen Vater ernähren.« Als mein Großvater noch bloß der Vater meines Vaters war, sprach man so nur von Söhnen. Töchter wurden verheiratet, im Regelfall.

Wir sind also beim Generationenvertrag, beim Generationenkonflikt zwischen Alt und Jung, und die Söhne und Töchter können heute nicht nur nicht ihre Väter und Großmütter (die vor allem!) ernähren. Inzwischen kämen ja auch auf einen Sohn zweieinhalb Väter, drei Großmütter und zwei Großväter.

Deshalb wollen sie ihnen bald auch keine Hüftgelenke und keine dritten Zähne mehr bezahlen. Das liege an der verkehrten Alterspyramide. Brave new world, sage ich. Dann fallen mir die Sarden in Sardinien und ihr sardonisches Lächeln ein.

Im Lexikon »Der große Herder« von 1935 steht, dass das sardonische Lächeln (lat. risus sardonicus), ein grimmig-krampfhaft verzerrtes Lächeln, »irrtümlich auf Homer (Odyssee 20, 301) zurückgeführt« werde, der »Ausdruck geht aber auf ein giftiges Kraut auf Sizilien zurück, dessen Genuss krampfartiges Lachen erzeugt«. Der große Duden von 1999 führt das sardonische »grimmige Hohngelächter eines Zornigen« auf das griechische Wort »sairein« (fletschen, grinsen) zurück. Aber die Legende von den alten Sarden scheint mir schlüssiger, vor allem der Gesundheits- und

Rentenreform näher im Geiste. Nach dieser Version rührt das sardonische Lächeln von der Altersversorgung der alten Sarden her. Wurden die Sarden nämlich alt, uralt, und waren sie zu nichts mehr zu gebrauchen, dann führten sie ihre Kinder und Erben ins unwirtliche Gebirge, setzten sie auf hohen Felsen aus, von denen es kein Zurück mehr gab. Da verhungerten die Alten oder stürzten sich aus Verzweiflung in einen tiefen Tod. Danach, im Tode, hatten sie das sardonische Grinsen festgefroren im Gesicht. Man kann verstehen, warum es so unheimlich aussah. So werden Rentner beim Arzt grinsen in wenigen Jahren! Zahnlos!

Es gibt viele unheimliche Geschichten vom rigoros gebrochenen Generationen-Vertrag. König Lear zum Beispiel, der seinen Töchtern schon zu Lebzeiten sein Reich vererbt (den beiden bösen Töchtern fälschlicherweise, die ihm schmeicheln wie eine deutsche Regierung vor der Wahl) und blind auf der Heide im Sturm sehen muss, wo er bleibt. Nirgends nämlich.

Und in Grimms Märchen gibt es unter all den Hexen, guten und bösen Feen, schönen Schneewittchen und naiven Rotkäppchen ein schrecklich nüchternes Märchen über den Generationen-Vertrag. Die Eltern haben den alten Opa in die Ecke gesetzt, wo er mit dem Holzlöffel (das gute Silber ist zu schade) sein Gnadenbrot essen muss. Dann sehen die Eltern, wie ihr kleiner Sohn an einem Holzstück schnitzt, und auf die Frage, was er denn schnitze, erklärt, er schnitze Löffel für seine Eltern, wenn er groß sei und sie alt wären. Da holen sie den Großvater unter Tränen reumütig an den Tisch zurück.

Karl Valentin sagte einmal als Alter zu einem Jungen: »Schämen Sie sich, dass Sie so jung san! Ich war auch einmal jung.

Vielleicht sogar jünger als Sie!« Recht hat er. Und Helmut Qualtinger beschrieb in einer Landfunk-Parodie den »Großvater als Schädling des Landvolks«. Und wie man ihn bekämpft. Beispiel: »Was macht der Tiroler in so einem Fall? Der Tiroler ist lustig, der Tiroler ist froh, er hat stets Arsen, im Volksmund ›Hüttrack‹ genannt, in seiner Küche vorrätig …«

Das ist allerdings Kabarett und außerdem von 1959. Vor der Gesundheitsreform.

Beethoven und Mozart

Es ist nicht sehr originell zu bekennen, dass man Mozarts Musik am meisten mag, am liebsten hat, dass einem Mozart in den verschiedensten Lebensphasen (von den pubertär aufbegehrenden Jahren abgesehen, in denen man Beethovens heroisches Pathos besser zur Selbstbestimmung braucht) am meisten gegeben, erklärt, abgenommen hat, mit der Welt in Einklang brachte oder zumindest ihre Dissonanzen am vollkommensten ausdrückte – so als wären es Harmonien, so als lebten wir in der bestmöglichen aller Welten oder in einer so unvollkommen schlechten, dass man Mozart einfach brauchte. Diese Vorliebe teilt man mit neun von zehn durch Musik ansprechbare Zeitgenossen.

Es liegt daran – ich meine: die Liebe zu Mozart, dass seine Musik diese Liebe immer erwidert. Albert Einstein hat es in Bezug auf die »Zauberflöte« erklärt, nämlich, dass Mozart dem Kindergemüt ebenso viel gebe wie dem großen Gelehrten. Und es liegt auch daran, dass ich als Theaterfreund neben Shakespeare keinen Dramatiker kenne (doch, vielleicht Tschechow), der mir die Seelen der Menschen besser ausgeleuchtet, enträtselt und verrätselt hatte als eben Mozart.

Trotzdem wäre ich beim Anhören nie auf die Idee gekommen zu sagen: Ach, das ist so wunderbar, Mozart muss ein Deutscher sein! Oder auch: Ach, das klingt so herrlich, ich muss wie Mozart ein Österreicher sein. Das einzig Gemeinsame in unserer Biographie ist: Für beides gibt es gute Gründe und Argumente. Lassen wir die, die mich betreffen, wegen Unwichtigkeit weg, obwohl es schon etwas für sich hat, dass meine Eltern erst Österreicher, dann Tschechen und schließlich Deutsche, ja sogar Großdeutsche, waren. Großdeutsch und kleindeutsch waren übrigens vor Hitlers blutigem Größenwahn im 19. Jahrhundert Begriffe und Modelle für die deutsche Einheit – jeweils mit oder ohne Österreich. Einmal mit einem preußischen König als deutschem Kaiser, einmal mit einem österreichischen Kaiser als deutschem Kaiser. Die Sprache war sowieso dieselbe oder die gleiche – obwohl Alfred Polgar (oder war es Karl Kraus?) definiert hat: Deutschland und Österreich sind zwei Länder, getrennt durch die gemeinsame Sprache.

Als der Krieg vorbei war, Hitler endlich geschlagen, Deutschland besiegt, Großdeutschland aufgelöst, hat Österreich es verstanden, sich als erstes Opfer Hitlers darzustellen. Das war, beim Anschluss 1938, einerseits wahr, andererseits (siehe Thomas Bernhards »Heldenplatz«) schrecklich unwahr, denn die Hitler-Begeisterung der Österreicher und ihr Antisemitismus (den Hitler ja in Wien als gekränkte Künstlernatur und als faulenzender Stadtstreicher eingesogen hatte) war »im Reich« durch nichts zu überbieten. Wien war furchtbarer als Berlin. Und so spottete Billy Wilder, nachdem Österreich durch den Staatsvertrag wieder ein freies Land ohne Besatzungsmächte geworden war – und das lange vor Deutschland: »Die Österreicher haben das Kunststück fertig gebracht, aus Beethoven einen Österreicher und aus Hitler einen Deutschen zu machen.«

Schlägt jetzt das ZDF (dessen Generalhistoriker Guido Knopp) zurück, indem es aus Mozart einen Deutschen macht? Mozart, ein Deutscher, das lässt sich hören. Hat nicht die habsburgische Kaiserin, die gebürtige Spanierin Marie Luise, die für ihren Gemahl Leopold II. in Auftrag gegebene Seria »La clementia di Tito«, weil ihr die Oper missfiel, auf Italienisch als eine »porcheria tedesca«, als eine »deutsche Schweinerei« beschimpft? Und war nicht der kleine Wolfgang Amadeus in seinen Briefen an das Augsburger Bäsle ein solcher Fäkalien-Rüpel, wie das auch für ihn nur in der deutschen Sprache möglich war? Die Crux für uns Spätgeborene ist: Deutschland gab es damals in der Form wie heute nicht mehr und noch nicht. Von den Dialekten her gesehen, den Lebensgewohnheiten, der Ess- und Trinksitte, gab es Oberdeutsche und Niederdeutsche (plus Mitteldeutsche), und noch heute fühlt man sich in der Mozart-Metropole Salzburg – dem Sommervorort Münchens – näher an Bayern als in München an, sagen wir: Kiel. Nie hat jemand in München je Sau-Österreicher gesagt, aber »Sau-Preuße« schon. Das mag daran liegen, dass Bismarck bei der Reichseinigung unter den Fittichen des preußischen Adlers die »kleindeutsche Lösung« zwangsläufig favorisierte. Und dass Bayerns Ludwig II. sich wegen seiner teuren Extravaganzen – Schlösserbau und Wagner-Liebe (Wagner, ein Sachse) – gern von Bismarck aus dem niedersächsischen Reptilienfonds bestechen ließ. Jedenfalls ließ sich anschließend von den zu Deutschland gestoßenen Bayern (zu denen auch Mozarts Vater als Augsburger Schwabe gezählt hatte) sagen: »Die Bayern vereinen preußischen Charme mit österreichischem Pflichtgefühl.«

Als Mozart lebte, leider nur sehr kurz lebte, nämlich von 1756 bis 1791, gab es das Problem deutsch oder nicht deutsch eigentlich noch gar nicht. Denn in Salzburg geboren zu sein, hieß damals in einem katholisch fast autonomen Gebiet zur Welt zu kommen, nach dem Motto: »Wes Brot ich ess, des Lied ich sing.« Und als Mozart in Wien starb und in einem Armengrab beigesetzt wurde (was gern als Beispiel für die launische Undankbarkeit der Wiener, also der Österreicher, gegen ihren großen Sohn angeführt wird), da war der Kaiser von Österreich Leopold II., der 1790 den Thron bestieg, durchaus noch deutscher Kaiser, auch wenn er in Wahrheit, wegen seiner Verpflichtungen als Herrscher eines ständig vom Auseinanderbrechen bedrohten dynastischen Vielvölkerstaates, davon wenig Gebrauch machte.

Wie übrigens auch Mozart, der in Italien seine Wunderkind-Karriere begonnen und der an deutschen Höfen unter anderem in Preußen ebenso wie in Frankreich um eine feste Anstellung antichambriert hatte. Sein spätes Glück fand er, wenn überhaupt, nicht in Wien, sondern in Prag, wo sein »Don Giovanni« dem Komponisten seinen letzten Triumph zu Lebzeiten bereitete.

1790 war Mozart über Leipzig und Dresden nach Berlin gereist, wo ihm Friedrich Wilhelm II. die Stelle eines Kapellmeisters mit einem Jahresgehalt von 3000 Thalern anbot. Fast also wäre Mozart zu guter Letzt tatsächlich ein Preuße geworden, aber daraus wurde nix. Und in Österreich vernichtete der Tod Josephs II. jede karrieristische Hoffnung.

Und Beethoven? Halten wir zunächst fest, dass sein Name – Ludwig van – verdammt holländisch klingt und dass die nordischen holländischen Provinzen sich schon 1581 von Habsburg, also Österreich, allerdings dessen spanischem Reich, losrissen. Aber noch Leopold II., Mozarts letzter Kaiser, ließ auch als Herr der Niederlande im Todesjahr Mozarts Brüssel einnehmen und die Empörung der Holländer niederschlagen. Im Namen Österreichs! Und als deutscher Kaiser! Deutsch, dutch, Beethoven, das führt zu nichts.

Und der in Bonn (das erst 1814 an Preußen fiel, nachdem es sich vorher die Niederländer und die Franzosen nach 1809 unter den Nagel gerissen hatten) gebürtige Beethoven wurde wirklich noch Österreicher, denn er starb 1827 in Wien. Und 1806 hatte Franz I. unter dem Druck Napoleons nach der Stiftung des Rheinbundes auf den Titel eines römisch-deutschen Kaisers verzichtet. Und Beethoven war sein Untertan. Alles klar?

Bleibt festzuhalten, was der Maler David Hockney über den Komponisten und über dessen Schicksal gesagt hat: »Beethoven wurde im Alter so taub, dass er dachte, er wäre Maler.« Das kann man auf Englisch erzählen (»Maler« gleich »Painter«), auf Deutsch aber nur drucken, weil die Leute sonst fragen: Wieso Mahler? Aha, Mahler und Gustav meinen. Der aber war eindeutig Österreicher.

Hütten und Paläste

Karl Marx (Sie erinnern sich noch?) hat einmal, als Kernstück seiner revolutionären Theorie gewissermaßen, geschrieben, nicht die Hütte in ihrer Dürftigkeit, ihrem Elend, ihrer Armut würde die Menschen über das schreiende Unrecht in Empörung, also in eine revolutionäre Stimmung versetzen, sondern der Palast, neben dem sie stehe. Es sei also der Vergleich, der Menschen in die Stimmung versetze, in der sie etwas ändern wollten: in eine revolutionäre Stimmung.

Georg Büchner, der Dichter und Revolutionär, hat dies als Losung des Vormärz formuliert, im »Hessischen Landboten«, als er die Parole ausgab: »Friede den Hütten! Krieg den Palästen!« In den kleinen deutschen Duodez-Fürstentümern standen die Hütten zwangsläufig dicht bei den Palästen.

Die Französische Revolution hat sich im Sturm der Bastille manifestiert.

Die Bastille war kein Palast, sondern ein Gefängnis. Der Sturm eines Gefängnisses bedeutet zunächst, dass eine Revolution nicht die soziale Ungleichheit, sondern das politische Unrecht beseitigen will. Die Zwingburgen einer Herrschaft, in denen sich die Gewalt manifestiert, die diese auf ihre Untertanen ausübt – damit sich nichts ändert. Durch ihr Bestreben, ihre Herrschaft einzufrieren, in dem sie alle

Veränderer oder all diejenigen, die zur Veränderung aufrufen, ins Gefängnis wirft, provoziert das Alte, das Bestehende, das »Ancien Régime« geradezu die Revolution, den Sturm auf die Bastille.

Gleichwohl war die Losung der ersten bürgerlichen Revolution »Freiheit, Gleichheit, Brüderlichkeit« – drei hehre Begriffe, von denen der eine, der schwierigste, nämlich die Gleichheit, sozusagen auf die Beseitigung des Unterschieds zwischen Hütte und Palast zielt. Dieser Vergleich krassen Unrechts, einer drastischen Ungleichheit, soll in der Realität aufgehoben werden.

Die russische Revolution, die sich, im Unterschied zu der bürgerlichen Revolution, zur proletarischen Revolution erklärte (obwohl sie von Vertretern der bürgerlichen Intelligenz erdacht und ausgeführt, zumindest befehligt wurde – Revolutionen finden ja nicht »durch« das Volk, sondern »im Namen« des Volkes statt, eine Legitimation, die hinunter bis zu jeder terroristischen Zelle, zu jeder Aufstandsbewegung reicht), diese russische Revolution fand ihr Symbol im Sturm nicht eines Gefängnisses, sondern eines Palastes – des Winterpalais in St. Petersburg.

Die Gleichheit, die damit angestrebt wurde, kann zwei Ziele haben: ein schreckliches, realistisches und ein schönes, utopisches. Dem schönen, utopischen Ziel schwebt vor, dass kein Mensch mehr in der Hütte leben muss und soll, dass vielmehr allen Menschen Paläste zustehen – Utopie, das Paradies auf Erden, das Schlaraffenland, eine Lotterie mit lauter Glückslosen.

Das schreckliche realistische Ergebnis der Oktober-Revolution war, dass alle unterschiedslos in Hütten zu leben hatten, aus der Unfähigkeit heraus, Gleichheit produktiv herzustellen, weil sie sich nur destruktiv verwirklichen lässt. Walter Ulbricht ließ das Berliner Schloss, das den Luftkrieg überstanden hatte, wegsprengen – natürlich auch, weil er das Symbol des Preußentums, der preußischen Herrschaft vernichten wollte. Aber instinktiv sicher auch, um den Vergleich zwischen Hütte und Palast zu beseitigen. Am Ende der DDR stand und entstand der Palast der Republik, ein gedachtes Symbol der Volksherrschaft – und die DDR-Führung hat es ängstlich vermieden, ihre Herrschaft in Palästen zu symbolisieren.

Anders als die russischen Revolutionäre, die die Paläste nur neu besetzten – an die Stelle des Adels trat die Nomenklatura. Die Herrscher des Politbüros (der neuen, – noch – nicht erblichen Zarenfamilie) zogen in den Kreml, und diese Burg, dieser Palast wurde zum Synonym für die rote Herrschaft der roten Zaren. An die Stelle der alten Ungleichheit trat eine neue Ungleichheit.

Je verrückter, je hemmungsloser Usurpatoren die Macht, die sie auch im Namen der Gleichheit an sich reißen, ausüben – umso stärker manifestieren sie diese Macht in Palästen, die sie glanzvoll und protzig als Zwingburgen ihrer Herausgehobenheit errichten. Saddam Hussein war wohl einer der hemmungslosesten Paläste-Bauer, und dass sein Volk dafür großenteils in Slums – der modernen Form der Büchner'schen und Marx'schen Hütten – vegetierte, war nicht der Preis, sondern das geheime Ziel.

Auch darin zeigt sich, dass Karl Marx mit seiner revolutionären These, der Palast neben der Hütte provoziere eine Umsturzbewegung, ziemlich Unrecht hatte. In einer Zeitung sah ich das Bild der traditionellen Luxuslimousine der indischen Oberschicht, des indischen Rolls Royce sozusagen, eines auf Rädern rollenden Palastes. Und natürlich war auf dem Bild, neben der Luxuskarosse, ein auf der

Straße liegender Bettler zu sehen, der da lag in all seinem zerlumpten Elend – auf Fotografien aus Indien lässt sich ein solcher Anblick einfach nicht vermeiden. Und da ist mir die schreckliche Wahrheit eingefallen, dass das Elend nicht revolutionär macht, sondern stumpf, lethargisch. Die Slums, die »Barrios«, die brüchigen Wellblechhütten, die sich in Rio de Janeiro, in Caracas, in Mexiko-City in die Megastädte ergießen, reichen längst bis zu den Glitzerpalästen des modernen Kapitalismus, den prachtvollen Hotels mit ihren livrierten uniformierten »Wachen«, den Bank-Türmen, den verschnörkelten, anachronistischen Regierungspalästen – ohne dass die Slumbewohner aufstünden, um diese Zwingburgen schreiender Ungleichheit zu stürmen.

Werden sie gestürmt, wie das in grässlicher Verblendung am 11. September geschah, dann »im Namen« des Volkes, des islamischen diesmal, dann steckt dahinter kein Enterbter und Entrechteter, sondern jemand aus dem Clan einer der reichsten kapitalistischen Familien Saudi-Arabiens. Wiederum ist das Ziel nicht Gleichheit und gerechte Verteilung, sondern Umverteilung – eine neue Herrschaft im alten Palast neben alten und neuen Elendshütten.

PS: Ich hätte auch einen anderen, einen lustigeren, einen bayrischen Vergleich wählen können, den vom Holz vor der Hütten. Aber vielleicht ein andermal.

Als und wie

Jetzt, da sich die Serie über die Vergleiche ihrem Ende zuneigt (»zuneigen« ist ein schöner Vergleich, erinnert an eine Trauerweide oder an eine viel größere Frau, die einem viel kleineren Mann ihre Zuneigung entgegenbringt), jetzt also dürfen wir sagen, dass es schiefe Vergleiche gibt, Vergleiche, die hinken, Vergleiche, die aus Takt oder Moral unangebracht sind, und Vergleiche, die sich verbieten. Der Volksmund, dieses große Maul, das sich von niemandem die Schnauze verbieten lässt, sagt dazu, man dürfe nicht Äppel mit Birnen vergleichen, warum eigentlich nicht?

Aber eines kann man nicht, bestimmt nicht! Man kann nicht ohne »als« und ohne »wie« vergleichen, ohne die Konjunktionen, wie sie grammatikalisch zugeordnet werden. Uff! Das heißt, der Volksmund (um ihm noch einmal, mit Luther, aufs Maul zu schauen), der also kann auf das »als« leicht verzichten, der braucht nur das »wie«. »Ich bin größer wie du«, sagte meine kleine Tochter zu ihrer Puppe, als (!) die das einzig Kleinere war, was es neben meiner Tochter gab. Und da hatte sie auch Recht. Und wie (!) Recht!

Wir alle anderen aber, wir Hochgebildeten wissen: Alles, was größer oder kleiner, also anders als ist, heißt »als«. Alles was gleich groß, gleich gut, gleich alt, gleich schwach, gleich arm ist – »Gleich und Gleich gesellt sich gern«, sagt das

Sprichwort, das zwar hier keinen Sinn ergibt, aber sich gut anhört –, alles also, was gleich ist, ist »wie«, ist gleich wie. Kapiert. Na klar, wissen wir doch alle! »Und ich weiß es sogar besser wie du«, schreibt Leser A. aus B.

Also: Ich bin ärmer als du, ich bin dicker als du, ich lebe ungesünder als du, ich trinke mehr als du, mein Konto ist leerer (geht »leerer«? Geht nicht nur Chandlers Vergleich: »Nichts sieht leerer aus als ein leeres Schwimmbecken«?) als deins, meine guten Vorsätze sind schwächer als deine, ich bin rechthaberischer als du (muss es nicht rechterhaberisch heißen? Nein!), ich bin älter als du. Es stimmt. Als. Es ist ein Kreuz, auch von der Sache her; man möchte nicht immer »als« sein!

Als (!) der Hamburger Bürgermeister (der erste; er ist mächtiger als der zweite) Ole von Beust von seinem damaligen Zweiten, Ronald Barnabas Schill, zwangsgeoutet wurde (Beust tat es weniger freiwillig als Wowereit, beispielsweise), da schmiss er erstens seinen Zweiten raus, weil das Erpressung ist, und bekannte zweitens, dass der Justizsenator Kusch sein lebenslängster Freund ist. Mir kommt das falsch vor, sprachlich, auch weil es »lebenslänglich« assoziiert und Begnadigung. Und weil man fragt: Wer ist dann der »zweitlebenslänglichste« Freund? Oder der »lebenszweitlänglichste«? Und der lebenskürzeste? Das lässt sich doch schlecht vergleichen, weder mit als noch mit wie. Übrigens geht es dabei um Homosexualität, und das heißt bekanntlich Gleichgeschlechtlichkeit. Also »wie«! Immer wie! Aber wie! Übrigens hatte Peter Frankenfeld den liebestoll hochfliegenden Vergleich des Lehár-Liedes »Niemand liebt dich so wie ich« umgedreht in die Frage »Niemand liebt dich! Wieso ich?«.

Doch kommen wir nach unserer einfachen und schlüssigen Ableitung der Regel zu unserem Altmeister und Dichterfürsten Johann Wolfgang von Goethe und zu dessen größtem Werk, dem »Faust«, der entgegen dem Volksmund sogar größer ist als Schillers »Handschuh«. Und begeben wir uns mit »Faust« in »Auerbachs Keller« in Leipzig, den es, dank dem Immobilien-Jongleur Jürgen Schneider, immer noch oder wieder gibt: Auch böse Taten zeitigen gute Folgen. Anders, als man gemeinhin denkt.

Und in diesem höchsten Meisterwerk deutscher Sprache, wie man so sagt, das so groß ist, dass es selbst Peter Stein, selber der Größte, inszeniert hat, ohne auch nur einen Punkt oder ein Komma zu streichen, kommt die Stelle vor, als alle studentischen Zecher, von Mephisto mit Wein traktiert, singen: »Uns ist ganz kannibalisch wohl,/Als wie fünfhundert Säuen!«

Als wie! Weder als noch wie, sondern beides! Was will uns der Dichter damit sagen? Es gibt da mehrere Möglichkeiten, als da sind: Goethe war Frankfurter, Hesse; als er den »Urfaust« schrieb, in dem es auch schon »als wie« heißt, war er sehr jung und noch weit vom Weimarer Klassik-Hochdeutsch entfernt, also schrieb er, wie ihm der Grünschnabel gewachsen war, »als wie«, wo korrekterweise ein »wie« stehen müsste. Er ließ Gretchen ja auch beten: »Ach neige/Du Schmerzensreiche«, was sich nur in Frankfurt reimt, wo man »neiche« sagt. Wie »Mehr Licht!« am Lebensende. Was auch heißen sollte »Mer licht (man liegt) hier schlecht«.

Oder Goethe wollte dem gemeinen Volk aufs Maul schauen, das sich da in »Auerbachs Keller« seinen Frust wegsäuft, den Liebeskummer (»Dem Liebchen keinen Gruß«) und in Stammtisch-Kannegießer-Manier politisiert. Oder es war Goethe wurscht, egal, schnurzpiepe, Jacke wie Hose: Duden hin oder her, den es überhaupt noch nicht gab.

Ein schönes Volkslied kommt mir ins Gedächtnis, und das geht so:

Mein Herz ist verschlossen,
's kann niemand dazu
Als wie du! Als wie du!
Es hat ja auch niemand ein Schlüssel dazu
Als wie du, als wie du, als wie du!

Wieder »als wie« und nicht »wie« und nicht »als«. Aber dieser Vergleich hinkt, denn ich muss gestehen, das »als wie« heißt hier weder »wie« noch »als«, sondern »außer« – niemand »außer dir«. Wie im schwäbischen Weingärtnerwitz. Oder so ähnlich. Da sieht ein Weingärtner einen bezechten Studenten (der in Tübingen nicht aus »Auerbachs Keller«, sondern von »Tante Emilie« kam) in den Neckar kotzen. Sich übergeben, wie der Mann von Welt sagt. Und der »Goge« (Weingärtner) kommentiert sarkastisch: »So isch rächt! Als 's Arschloch gschont!« »Als« heißt hier »nur« oder »immer«. Jedenfalls im Schwäbischen. Es ist wie bei »Alzheimer«, den man auch nicht als »Wieheimer« zitieren kann – schon allein, weil er sich »Alz« und nicht »Als« schreibt: Alz wie fünfhundert Säuen!

Fehlt nur noch der Vergleich von Karl Kraus: »Das Leben geht weiter. Als es erlaubt ist.«

Fußgänger, Rad- und Autofahrer

Jetzt, am Ende aller meiner Vergleiche, möchte ich noch zum existenziellen Vergleich, zum Vergleich schlechthin ausholen, zum Vergleich zwischen Fahrradfahrern, Autofahrern und Fußgängern. Zwischen diesen drei Gruppen spielt sich für den Großstadtbewohner der von Darwin konstatierte Kampf ums Überleben ab – das »survival of the fittest«. Und bestimmt wird dieser Kampf nicht allein durch das Recht der Stärkeren definiert, sondern auch durch den Artenschutz und die Straßenverkehrsordnung, die nicht zu beachten das Privileg der Fußgänger wie der Fahrradfahrer als auch der Autofahrer ist.

Schwierig wird der Vergleich durch die Tatsache, dass Fahrradfahrer, Autofahrer und Fußgänger partiell identisch sind, weil sie gelegentlich ihre Rollen tauschen. So sehr sie einander hassen und verachten und sich feindlich bis kriegerisch gegenüberstehen – von Zeit zu Zeit wechseln sie, charakterlose Überläufer, die Fronten und kämpfen ebenso verbissen auf der einen oder anderen Seite mit, wie sie bisher auf der anderen oder einen Seite gekämpft haben. Dann ist der Radfahrer nur noch ein Fußgänger oder ein Autofahrer, der auf die Radfahrer oder die Fußgänger oder die Autofahrer schimpft. Und der Fußgänger ist nur noch ein Radfahrer, respektive ein Autofahrer, der die Fußgänger respektive die Autofahrer oder die Radfahrer verflucht.

Immer die anderen, zu denen er gerade nicht gehört. So einfach und kompliziert ist das! Die reinste Dreifaltigkeit, wie es sie sonst nur in der Religion gibt: Vater, Sohn und Geist – hier also Radfahrer, Autofahrer, Fußgänger.

Der Vergleich zwischen den dreien ist ein moralischer, wer von ihnen ist der bessere, der beste Mensch? Natürlich denkt der Fahrradfahrer (also auch der Fußgänger und Autofahrer, wenn er Fahrrad fährt), dass er der bessere Mensch ist. Schont er nicht die Umwelt und kommt dennoch schnell voran? Macht er sich nicht unabhängig vom Diktat der Ölkonzerne und ist daher (»Kein Blut für Öl!«) derjenige, der am wenigsten Kriege befürwortet, die im Nahen Osten geführt werden? Der Fahrradfahrer ist der gute Mensch von Sezuan schlechthin. Nur dass er vergessen hat, dass Brechts guter Mensch (Shen Te) ab und zu die Sau rauslassen muss in Gestalt des bösen Vetters Shui Ta. Dann fährt der Fahrradfahrer mit dem Fahrrad nach Berlin-Tegel, steigt dort in den Jet in die Türkei, verpestet die Flugluft und steigt erst wieder in Kleinasien aufs Fahrrad, weil das auch dort gesund und umweltfreundlich ist.

In der Großstadt, zu Hause also, klebt der Fahrradfahrer einem Autofahrer, der auf seinem Fahrradweg parkt, einen Zettel auf seine Windschutzscheibe. Als gute Tat! Auf dem Zettel steht: »Parke nicht auf meinen Wegen!« Und der Kleber geht nicht ab. Fluchend kratzt und wischt der Autofahrer an der Scheibe herum, bis die zerkratzt ist. Jetzt hat er seinen Denkzettel weg! Wenn er Pech hat, hat er als Fahrradfahrer in Rage das eigene Auto beklebt.

Auch der Fußgänger fühlt sich als besserer Mensch, weil er der eigentliche Mensch ist. Ist der Mensch nicht immer schon zu Fuß gegangen? Per pedes apostolorum. Am liebsten auf Sandalen. Mit Socken. Über Geschmack lässt sich streiten. Auch der Fußgänger hat immer Recht, weil er weiß: Selbst der Autofahrer ist vorübergehend ein Fußgänger, wenn er sein Auto geparkt hat. Also muss man es dem Autofahrer zeigen. Kann der nicht halten, wenn man bei Rot über die Straße geht? Muss der nicht den Schwächeren schonen? Ist Fußgänger-Sein nicht allein schon eine Demutsgeste?

Der Autofahrer denkt grimmig, am Ende bin ich immer der Dumme! Das aber denkt der Autofahrer nie abstrakt. Nur wenn er im Auto sitzt! Nie, wenn er zum Parkhaus geht oder vom Parkhaus kommt! Nie, wenn er Rad fährt. Nur am Steuer, wie gesagt: Ich bin der Einzige, denkt der Autofahrer, der im Prinzip nichts trinken darf. Bei den anderen, den Radfahrern und Fußgängern, gilt das nur theoretisch. Ich allein habe die Verantwortung. Für alles! Für die Fußgänger, wenn sie, wo sie wollen, über die Straße gehen, ob Rot, ob Grün, ist denen doch scheißegal, ist doch wahr. Die wollen mich doch provozieren. Fahr mich doch um, wenn du dich traust! Du wirst schon sehen, wohin dich das bringt. Die Fußgänger, die tun doch so, als wären sie überhaupt keine Verkehrsteilnehmer.

Und dann erst die Fahrradfahrer! Die legen es doch drauf an, dass ich die anfahre, bloß damit ich meinen Führerschein verliere. Wo denken die, wären die, wenn ich mir nicht immer wieder ein Auto kaufen würde! Dann könnten die sich doch kein Fahrrad leisten, die schon überhaupt nicht. Alle hacken auf mir rum, dabei bin ich der Einzige, der dafür sorgt, dass es noch einigermaßen brummt. Jeder Siebte in Deutschland lebt vom Auto. Wer würde die Straßen bauen? Und überhaupt. Ohne Straßen gäbs doch auch keine Fahrradwege.

Karl Valentin hat auf dem Münchner Marienplatz in kühner Prophetie in den dreißiger Jahren »die neue Verkehrsordnung« entworfen, die da verfügt: »Am Montag dürfen in ganz München nur Radfahrer fahren, am Dienstag nur Automobile, am Mittwoch nur Droschken, am Donnerstag nur Lastautos, am Freitag nur Straßenbahnen, am Samstag nur Bierfuhrwerke. Die Sonn- und Feiertage sind nur für Fußgänger. Auf diese Weise könnte nie mehr ein Mensch überfahren werden.«

Diesen Plan hat Valentin in seinem Perfektionsstreben noch variiert: »Also von 6 bis 7 morgens nur die Radfahrer, von 7 bis 8 die Automobile, von 8 bis 9 für die Droschken …«

Keiner hat auf ihn gehört. Und so sind wir, in einer Person, von 6 bis 7 Jogger, von 8 bis 9 U-Bahnfahrer, dann im Auto Berufspendler und am Wochenende Bergsteiger oder Rallye-Fahrer. Wir sollten auch eines bedenken: Während wir von 20 bis 60 arbeiten, sind wir anschließend Rentner. In jedem anständigen Menschen steckt schon heute ein Rentner wie in jedem Autofahrer ein Fußgänger. Oder Fahrradfahrer. Oder umgekehrt.

Statt eines Nachwortes: Manches lässt sich nicht vergleichen! Oder doch?

Auf der Speisekarte der ICE-Züge steht als ständig lockende Mahlzeit eine »herzhafte Gulaschsuppe«. Da der ICE inzwischen eine internationale und deshalb polyglotte Angelegenheit ist, existiert die Gulaschsuppe in drei Sprachen, das heißt »Gulasch« auf Englisch »goulash«, auf französisch »goulasch«. Das sind alles Einverleibungen eines ursprünglich ungarischen Gerichts in die jeweilige Küchensprache, Fremdwörter, mehr oder weniger der Gastlandsdiktion angepasst, wie das Gulasch und auch die Gulaschsuppe in England als »goulash« wahrscheinlich englischer und in Frankreich als »goulasch« etwas französischer schmeckt als in Ungarn. Im Zug schmeckt die Gulaschsuppe mittels Zuhilfenahme eines Pfefferstreuers schärfer, man kann sie sich selber nach Belieben scharf machen, bis man mit Bier, Wasser oder Wein löschen muss. In Ungarn, wo doch der oder das Gulasch herkommt, bevor es die Wiener Küche geklaut und verfeinert hat, heißt das Gulasch aber Pörkölt. So kann es zugehen, wenn man auswandert und wieder heimkehrt. Im Zug schmeckt das Gulasch, wie so Sachen im Zug schmecken – man kann zwischen mehreren Gerichten, die ähnlich schmecken, aber anders heißen, »Chili con carne« beispielsweise, eine Art mexikanischem Gulasch, wählen. Oder abstinent bleiben.

Aber darum geht es nicht, mir geht es um das Adjektiv

»herzhaft«, denn Adjektive sind es, die uns die Dinge unterscheidbar, also vergleichbar machen. »Herzhaft«; das ist auf englisch »hearty« und auf Französisch »bien relevée«. »Hearty«, so viel ist klar, heißt so viel wie »herzhaft«, aber »bien relevée«? »Gut gehoben« oder »ziemlich edel« oder doch einfach nur das, was wir »pikant« nennen?

Bei »herzhaft« denken wir an einen Kerl, der Mut in den Knochen hat, der kräftig zupacken kann, der sich ein Herz fasst. Jemand kann herzhaft lachen, so aus vollem Bauch und Herzen. Und wenn man nicht »herzhaft« ist und keine herzhafte Suppe isst? Ist die Gulaschsuppe dann herzlos? Bestimmt nicht. Bei einem Charakter ist das Gegenteil von »herzhaft« jemand, dem das Herz in die Hose gefallen ist. Wir würden einen solchen Typen ganz unkulinarisch ein Weichei nennen, wobei wir aber weniger an Frühstückseier, 4-Minuten-Eier, denken, sondern eher an Weichteile des männlichen Körpers, dort wo die männliche Kraft steckt, die ja das Gegenteil von weich und schlabbrig ist, eher »hardboiled«, wie es im amerikanischen Krimi heißt, abgebrüht und hartgesotten, eben herzhaft.

»Herzlos« dagegen kann sehr wohl jemand sein, der kein Weichei ist, denn für das Weiche, sobald es das Gemüt betrifft, ist auch das Herz zuständig, nicht das herzhafte Herz, sondern das gemütvolle Herz, ein Hasenherz. Das Gegenteil von »herzhaft« ist aber nicht »herzlos«, sondern feige. Aber für eine Suppe?

Das Herzhafte der Gulaschsuppe zeigt, dass Liebe durch den Magen geht und dass Gulasch feurig ist, damit es feurig macht. Nicht bei der Suppe im Speisewagen, bei der kann man das nicht erwarten. Und jetzt das Gegenteil von »herzhaft«? Fad, plürrig, langweilig, geschmacklos, nach nichts schmeckend, schmeckt wie eingeschlafene Füße. Und so weiter. Und so fort.

Herzhaft, das ist einfach so ein Wort aus der guten al

ten deftigen Küche. Herzhaft ist Hausmannskost. Das schmeckt, auch wenn es dick macht. Man sieht die dralle Bedienung im Dirndl, die herzhafte Suppe aufträgt. Sie dampft, die Suppe. Dazu nimmt der Gast einen herzhaften Zug aus der Maß (ist gleich: ein Liter Bier). Kann man sich einen größeren Gegensatz zu der herzhaften Gulaschsuppe denken als ein Zugrestaurant, das tiefgefrorene Fastfood mit der Mikrowelle aufwärmt? Man kann nicht. Man kann nur den herzhaften Mut bewundern, der eine Suppe im Zug »herzhaft« nennt.

PS: In früheren Zeiten, als die Europäer sich noch gegenseitig totschossen oder totschlugen, wurden die deutschen Heere mit der Erbswurst ernährt. Ihre Erfindung sowie das deutsche Zündnadelgewehr ließen die Preußen die Kriege zwischen 1866 und 1871 herzhaft gewinnen. Die Erbswurst, die den vormarschierenden Truppen schnell nachfolgen konnte, wurde übrigens in der Gulaschkanone zubereitet.